大蕭條時期重振美國內政的心路歷程與危機處理方針

富蘭克林・羅斯福

當總統的第一年

ON OUR WAY

Franklin D. Roosevelt
富蘭克林・羅斯福 —— 著
孔寧 —— 譯

臨危受命的小羅斯福，面對積弊已久的地方政府，
該如何做才能使底下的人心悅誠服、百姓真心跟隨？

銀行倒閉、景氣低迷、失業率飆升……倘若有一點閃失，美國便會徹底走向毀滅，
扛著「拯救國家」的重擔，展開了大刀闊斧的改革——

目錄

開篇
走出大危機

　　1929～1933 年，美國經歷了其有史以來最為嚴重的經濟危機。這次危機中暴露出的許多問題，僅僅靠過去美國一直奉行的市場的自我調節 —— 自由放任主義難以得到妥善解決。換句話說，美國的自由放任主義經濟管理模式已經走到了山窮水盡的地步。擺在美國人民面前的有兩個選擇，要不是步德、義、日等國的後塵，採取法西斯主義的解決辦法，設法轉嫁國內危機，就是由聯邦政府出面，直接對經濟生活進行干預，局部改變美國的生產關係格局，使其朝著新型的國家壟斷資本主義方向過渡。但是，胡佛總統頑固地反對由聯邦政府直接干預社會經濟生活；即使被迫採取某些干預措施，其目標也不是改善普通工人、農民的政治經濟窘境，大力提升美國民眾購買力。這樣一來，美國的經濟危機程度日益加深，並引起了大多數美國人民的不滿和憤懣。時任紐約州州長的富蘭克林‧D‧羅斯福一直關心工農民眾之疾苦，積極宣導公營電廠，以為人們提供廉價電力。隨著危機程度逐步加深，羅斯福繼而提出各州政府，包括聯邦政府都應採取果斷措施，對社會經濟生活進行全方位干預（1936 年 4 月 25 日在紐約市紀念湯瑪斯‧傑佛遜誕辰宴會上的談話中提出了「全國性的思考、全國性的計畫和全國性的行動是防止全國性的危機的三大要素」明確主張），以幫助危機受害者度過難關。羅斯福的這些舉措贏得了美國人民的好感與尊重，並願意委以重任。1932 年，身殘志堅的羅斯福先後擊敗民主黨內部以及共和黨的緊抱著自由放任主義不

放的總統候選人，成功當選，成為美國歷史上第 32 任總統。同時，羅斯福因其極高的政治聲望以及美國所面臨的特殊國內、國際形勢得以打破美國建國之父喬治‧華盛頓創下的歷史先例，連續四屆競選並成功連任美國總統，直到他逝世前。羅斯福改寫並創造了美國歷史，國內美國史學家將 1929 ～ 1945 這段時期冠以「富蘭克林‧D‧羅斯福時代」。

　　富蘭克林‧D‧羅斯福時代是富蘭克林‧D‧羅斯福政府為克服經濟危機，順應多數美國人民的意願和要求，堅決摒棄了過時的自由放任主義，以迅雷不及掩耳之勢將美國的壟斷資本主義大範圍地轉變為「新政」式國家壟斷資本主義的時代。在國內政策方面，羅斯福政府的目標是花費時間和心力加強聯邦政府對社會經濟生活的調節與干預，使美國更加迅速地向「福利型」國家壟斷資本主義轉變；採取多種形式，透過各個層面和角度努力改善眾多工農大眾的社會政治經濟處境，提升其購買力，在開拓國內消費市場的同時也發揮緩解日益緊張的社會衝突的作用。在國際政策方面，羅斯福領導的美國政府致力於維護並擴大其根據凡爾賽── 華盛頓體系所取得的國際優勢，維護美國式資本主義民主和美國生活方式。客觀地說，羅斯福政府的目標大體上都全部或部分地達成了。

　　事實上，早在羅斯福擔任紐約州州長一職的時候，就已經在其所著的《向前看》（*Looking Forward*）一書中從制定經濟發展規畫、對土地使用問題進行規劃、關稅問題、銀行與投

機、司法改革、農業調整、政府機構改革與重組等等方面全面而系統地提出了政府干預社會經濟生活的構想。可以這麼說，羅斯福當選美國總統後所逐步推行的一系列「新政」（the New Deal）政策，基本上是這個時期眾多執政思想、執政理念的具體化和豐富化。這也是相關學者將「富蘭克林・D・羅斯福時代」的上限延展到 1929 年的原因所在。

呈現在各位讀者面前的本篇，羅斯福依照時間順序（關於國際事務的部分除外）將自己擔任美國總統的第一個年頭所制定並實施的各項政策的原委，以類似日記體的著作形式原原本本地記錄了下來。透過這些文字，我們可以更真切地感受到臨危受命的富蘭克林・D・羅斯福入住白宮第一年所受到的空前的施政壓力。這些文字也真實地再現了，或者說還原了羅斯福政府在「新政」初期所推行的各種政策、法規、行政命令背景和效果。應該說，這本書無論對美國歷史的愛好者還是研究者來說，都具有一定的史料價值和參考價值。

身為與美國總統喬治・華盛頓和亞伯拉罕・林肯齊名的傑出政治家，美國歷史上最重要的危機領袖之一，富蘭克林・D・羅斯福總統透過一系列突破傳統、打亂常規的非常措施，在短短一年內就基本上成功地使美國的經濟、金融、社會生活走出危機的陰霾，開始步入正常的發展軌道（On Our Way）；在外交領域，不但大大緩和了與前蘇聯的緊張關係，而且針對拉丁美洲提出了影響深遠的「睦鄰外交」政策，穩定了美國的「後

院」。羅斯福總統在四分之三世紀前所採取的應對危機的方法和政策措施，直到今天，特別是在全世界都還在努力從肇始於美國的經濟危機中解脫出來的大背景下，仍然有著重要的啟迪和警示作用。

前言

毋庸置疑，本書是想把這繁忙的一年內所發生的許多重大事件行徑簡單地整理。這是履行承諾並收穫圓滿的一年——實現了對美國人民的保證，並使許多人希望過著更加有序的生活這個願望圓滿實現。我現在將標示著新型公共政策所取得成就的里程碑事件整理出來。

有些人認為這項政策是革命性的：或許是的。只有從下面的角度看，此政策才是革命性的：它所採取的措施與所追求的目標與先前的政策是有區別的。如果這是場革命，那也是和平的、非暴力的、不以推翻現行法律為目標的、對任何個人或階層一視同仁的革命。

有些人認為我們的政策是「法西斯主義」。這不是法西斯主義，因為其思想源自人民大眾自己而非哪個階層、哪個集團或哪個軍隊。而且，它並沒有改變基本的共和制度。我們對我們的傳統政治制度充滿信心。

有些人稱之為「社會主義」，也不盡然。這不是基於一個永久董事會的計畫建立起來的精神集團，該董事會法院法律與程序的制定屈從於行政命令。它也沒有將徹底消滅任何階級和廢除私人政治團體為己任。

但是，人們差不多習慣於稱之為新政。人們已經明顯地意識到，這個詞對公平交易與新型自由的集合體做出了令人滿意的詮釋。事實證明這樣的提法是恰到好處的。過去一年所取得

的成就是對西奧多‧羅斯福所宣導的商業與政府之間的合作關係的進步主義理想，以及伍德羅‧威爾遜的應透過政府之權力對商業進行法律限制以防止其權力濫用思想的展現。這樣一來，我們就已經接受這樣的觀念：有些方面，政府可以成為商業合作夥伴，但在其他方面，政府必須行使其至高無上的警察權力，在經濟生活的各個方面實現公平與正義。現代生活環境所發生的革命性變化使得這種結合成為必然的選擇。

拋開那些空話和口號不談，我認為重要的是要銘記以下幾點：其一，我們在政策上的變化是根據美國人民在觀念和思想上的變化做出的，換句話說，是以我們的民主制度日益成熟為基礎的；其二，它是與我們的憲法制定者們所尊奉的基本原則相一致的；其三，它獲得了絕大多數美國人民的認可；最後，我們一再向人民做出承諾：如果他們希望回到我們已然擯棄的老路上去，那麼，他們完全可以自由地透過投票這樣的簡單方式達成之。有一位古希臘人說道：「創造是規勸而非強迫的勝利。」這是永恆的真理。新政就在追求此種勝利。

美國經濟制度幾乎處於完全崩潰的邊緣，這恰恰成為本屆政府呼籲徹底推翻不合時宜的體制機制，並接受新方法、新制度的起點。

我們必須採取下面三個相互關聯的步驟：一是採取激進措施廢除數量少但實力強大的私人集團在舊經濟和社會體制中所

享有的特權，這個集團有控制商業、銀行業和政府本身的權力；二是向犯罪和貪汙受賄行為宣戰，並復興道德價值觀念；三是過去數十年來，財富越來越集中到越來越少的人手裡，我們要始終向著使國家財富在更廣泛的範圍內分配這一方向回歸。

這個時代曾經並且依舊渴望規劃。本書從許多方面描述了制定一項全國性發展規畫的本質與目的。儘管這些不可或缺的眾多機構的複合體的首字母縮略引起了某些混亂，但是透過這些看上去純粹是聯邦政府集權舉措的機構，我們已經勾勒出了一個非常明確而影響深遠的目標。

關於他們之中各個機構的出色表現，我只能重複我曾經常說過的話：在這項計畫中單一的組成部分無論如何也是恆久不變並且一貫正確的。在某些方面，我們可能不得不改變方法；在另一些方面，我們則不會走得太遠。時間與實踐會教給我們許多東西。

在本書中，我不希望透過羅列新政的各項措施所取得的成果來進行辯論。幾代人以後自由公論。

去年，我們的農業公司的價值大大地超越了他們所得到的價格；我們的大部分工業企業開始大量增加產品的生產，消費大眾正在購買這些產品；鐵路和其他交通運輸設施的貨物與乘客運載狀況已經得到改善；抵押品問題所帶來的艱難處境正得

到緩解；對於急需救濟的失業人口的救濟工作在很大程度上意見貫徹落實了聯邦政府的目標 —— 盡一切努力廢止出現饑荒現象；保護資源，防止水災，對土地使用進行總體規劃，在這些方面都取得了前所未有的進展。

一年前，我們的文明出了問題。我們最好接受這個事實。我們至少還懂得那些定居美洲的男男女女們的理想。我們至少還懂得那些共和國奠基者們的理想。後來的歲月裡，環境已經發生了重大變化 —— 或許我們還沒有遺忘這些比較古老的理想，但是我們至少正在擯棄其中的大部分。

我國人民不需要，也不想要去尋求那些純粹破壞性的批評或反對意見。我們知道，那些處於政治的或自私自利的金融目的反對這個廣泛目標的個人或團體只會傷及自身，因為作為一個民族，她絕不會回到第一次世界大戰以後數十年來所走過的老路上去。但是，我們國家絕大多數人民，年老的和年輕的都在內，特別是那些年輕人已經準備好嘗試使用新的更佳的方法，以達成我們的共同目標。無論如何，結果一年的探索之後，我們作為一個民族正在繼續朝著更宏偉的目標邁進。

第一章
上任伊始

第一章　上任伊始

　　3 月 4 日的就職典禮結束後，政府立即採取的第一個行動是在位於白宮的總統書房內進行了新一屆內閣的就職儀式。此時，內閣尚未召開過任何正式會議，但我與財政部長和司法部長討論了金融形勢，並要求他們在第二天準備好制定出一項關閉所有銀行的合法措施。

　　這是當前形勢使然。實際上，所有銀行已經自行關閉，或者因為儲戶出走或州長的聲明而被關閉。我們的目標是使銀行盡快重新開張營業，但這個重新開業的過程必須植根於大眾的信心和一項旨在確保只有那些有償付能力的銀行才會使商業活動再次開展起來的統一計畫。

　　差不多 2 個月前，我與許多人討論了總統所承擔透過關閉所有銀行 —— 不但包括聯邦準備系統的成員銀行，而且包括州立非成員銀行 —— 來應對金融危機的司法權力。我的一位朋友提醒我，1917 年的某些戰時緊急立法還沒有被廢除，並且還幫我找到了一份當年包含此立法的法律文件。2 月間，被提名擔任新內閣司法部長的參議員沃爾什仔細研究了這份文件，並告訴我說，根據他的判斷，此文件還沒有被隨後的國家法律所廢除。3 月 3 日，沃爾什參議員不幸逝世後，我將這些事實告訴了霍默・卡明斯（Homer Cummings）先生。我已邀請此人擔任司法部長。我指示他準備好提出一項意見。

　　3 月 5 日下午舉行了新一屆內閣的首次會議。那天是星期

天。三天來，財政部長伍丁幾乎不間斷地與財政部即將離任的官員們進行會晤。他們對他提供了一切可能的、無私的幫助。到禮拜天時，他和我都完全認知到，為了避免禮拜一上午出現崩潰的局面，採取關閉銀行這種極端行動為大勢所趨。這次內閣會議上，我向司法部長卡明斯索要他關於採取此類行動的憲政性報告。他回答說，他已經研究了這些法律文件，並已經做好準備，確保我將發布的文告具有完全的合法性。

由於該文告所具有的歷史的和憲法的意義，茲將其全文錄於下：

鑑於出現出於囤積之目的大量從金融機構提取黃金和貨幣現象；
鑑於國外持續而日益廣泛的投機活動導致我國黃金儲備嚴重萎縮；
鑑於這些情形已經造成了國家緊張局勢的出現；
從顧及所有銀行儲戶的最大利益角度出發，為了防止這外匯交易中出現進一步的金幣、白銀、貨幣囤積行為，以及投機行動，要暫時關閉銀行，並允許採取適當措施以保護我們的人民的利益；
據此將 1917 年 10 月 6 日通過的法律之第五條第二款（第 411 行）修改為：「總統根據上述規章制度之規定，可透過許可證或其他方法進行調查、規範或者禁止外匯貿易和出口中的任何交易行為、囤積居奇、禁止熔煉或將金幣、銀幣、金條、貨幣用於特殊之用途。
上述法律之第十六條規定：「任何人故意違反該法律或相關許可證、規章制度的任何規定，任何人蓄意違反、漠視或者拒絕總

統根據該法律頒布的任何命令，都將被處以最多 10,000 美元罰金；任何違反此規定的自然人，將被處以最多 10 年監禁，或者兩罪並罰。」

因此，我，富蘭克林·D·羅斯福身為美利堅合眾國總統根據全國之緊張局勢，並依據上述法律所賦予我之權力，為了防止金銀幣、金銀條或貨幣的外流、囤積居奇或被用於特殊之用途，謹在此宣布，從 1933 年 3 月 6 日，即禮拜一一直到 3 月 9 日，即禮拜四（含上述兩天），美利堅合眾國境內（包括各屬地和領地）的所有金融機構及其所有分支機構放假；在此期間，將暫停所有金融交易。休假期間，除上述規定外，任何金融機構或分支機構均不得以任何形式或方法對任何金銀幣、金銀條、貨幣進行支付，出口，用於特殊用途或者准許其抽離或兌換，或採取任何其他有可能刺激囤積居奇行為的行動；任何金融機構或分支機構也不得支付存款、進行貸款或貼現、在外匯貿易中進行交易、將合眾國之貸款轉移至海外之任何地方或從事任何其他金融活動。

在此休假期間，財政部長在獲得總統許可，並依據他可能做出的規定，有權（1）准許任何或者所有上述金融機構履行任何或全部正常的金融功能；（2）指導、要求或准許提供針對金融機構資產的清戶文件或其他證明；（3）授權指導建立接納新儲蓄特別委託帳戶的金融機構，這些儲戶將有權自由地應要求提取存款，並將以現金形式單獨保存，或存在聯邦準備銀行的帳戶內，或依據合眾國的要求進行投資。

該命令中所使用的「金融機構」一詞包括所有聯邦準備銀行、全國銀行協會、銀行、信託公司、儲蓄銀行、建築與貸款協會、信用協會、或參與接受存款、辦理貸款、商業票據或從事任何

其他形式金融業務的活動其他公司、合作方、各類協會或個人。
作為見證，我已按上我的手印並蓋上合眾國之印鑑。

1933 年即美國獨立 157 年，3 月 6 日上午 1 時於華盛頓

富蘭克林·D·羅斯福

簽名 總統

國務卿科德爾·赫爾

　　為了為來自太平洋海岸的本屆國會議員們留出足夠長的時間抵達華盛頓，簽署的日期為 3 月 9 日，禮拜三的中午。這樣，我們已經確定了前行的方向。

　　至少在我就職前一個月，我曾經邀請美國 48 個州的州長（他們中的大部分人希望參加我的就職典禮）於 3 月 6 日禮拜一來辦公室與我會面，討論聯邦政府與州政府合作的眾多問題。我曾經在過去的四年時間裡結識了大部分州長，也期望花上一整天時間來和他們討論我們的雙邊合作事宜。但是，國家形勢使我不得不改變此計畫，還因為我沒有時間準備，就去了白宮東廳（East Room）親自和他們進行交談，告訴他們金融形勢的全部情形，向他們解釋了我們的計畫並尋求他們在執行該計畫時進行援助與配合。25 位州長出席，另有 12 位州長派代表參加了會見。他們表現得很出色，紛紛透過決議表達了他們的信心，以及合作的願望；同意授予國會廣泛的權力；批准了為此前已經提交給他們的計畫；同意將工作救濟改為直接救濟。值得一提的是，早在 3 月 6 日，國民工程管理局的原則就

已經出爐了。還有一事值得一提，即這些州長是在「不涉及我們的政治取向」前提下通過了上述計畫的。這就是我所說的：

禮拜六中午以來我一直很忙，以至於沒有任何時間準備任何正式的談話。我一開始就對各位州長和他們的代表們說，過去 4 年裡自己身為一名州長，在職責方面與各位州長有些相似之處，而且在各州的權利與義務方面也有某些相近。國家需要各州與聯邦政府之間進行合作。我認為過去 48 小時所發生的事件已經很好地證明了這點。

各州在恐慌很可能已經萌芽的時候，在防止恐慌方面表現出了異乎尋常的果斷。但是，昨天這種形勢似乎到了非得採取某種一致舉措不可的地步。而且如你們所知，這種形勢引發了兩個後果，其一是禮拜四國會要召開特別會議，其二是要發布一項在現在和禮拜四之間實行緊急措施的聲明。

我對各州在此次危機中所做的一切表示感謝。如果可能的話，我們希望制定出一項統一的金融政策，就是說，制定出一項既包括國家銀行，也包括各州銀行在內的在全國範圍內盡可能一致的政策。同時，我們希望在達成一致性方面與各州進行合作。我再也不願將此問題握在華盛頓手裡了。

寫給你的這封信闡述了這樣幾個問題：

聯邦和州政府之間的稅費衝突：你們當中的每個人都一直在想辦法獲得新的稅收來源。聯邦政府應當試著找到一些增加

收入的途徑也是天經地義、無可厚非的。

第二個問題與失業救濟的聯邦援助相關。當然,聯邦政府的確要使每個人吃得飽,但是卻不應當直到其他機構都束手無策時才要聯邦政府承擔起這種責任來。各個地區、市、郡、鎮負有基本責任,如果這些機構無法籌集到足夠經費以滿足這些需求,那麼各州就要負起責任來。它們必須盡力而為。如果事實證明它們再也做不了什麼,而且經費依然不足,那麼聯邦政府就有責任介入。

我們再來談談相互協調的問題。在華盛頓很難知道哪些州在失業救濟方面做得好,哪些州做得不盡如人意。我的想法是,我可以創立某種中央救濟機構來收集資料,該機構將協調各州的工作,並充當國家救濟工作的情報交流所。我希望在未來兩、三週內就將此結構建立起來。

下一個想法是重組和強化地方政府,以削減稅務支出。這是你們的問題,也是過去四年裡我所面對的問題。

還有一個是關於財產贖取權,特別是農場和小型住宅的贖取權被剝奪的問題。這方面我們同樣缺乏全國性政策。各州自行其是,有些州和地方政府對其現行法律視若無睹,並已經終止了財產的贖取。但是,我們在此問題上仍舊缺乏全國性政策。我相信我們會制定出這樣的政策,而且應當制定出這樣的政策。

第一章 上任伊始

1933 年 3 月 6 日參加白宮會議的各州州長或者其代表名單如下：

1. 緬因州州長路易斯‧J‧布萊恩
2. 愛荷華州州長克萊德‧L‧赫林
3. 新罕布夏州州長約翰‧G‧懷南特
4. 愛達荷州州長 C‧本‧羅絲
5. 威斯康辛州州長 A‧G‧施梅德曼
6. 俄亥俄州州長喬治‧懷特
7. 印第安那州州長保羅‧V‧麥克納特
8. 維吉尼亞州州長 H‧G‧孔普
9. 佛蒙特州州長斯坦利‧C‧威爾遜
10. 喬治亞州州長尤金‧塔爾梅奇
11. 田納西州州長希爾‧麥卡利斯特
12. 阿拉巴馬州州長 B‧N‧米勒
13. 賓夕法尼亞州州長吉福德‧平肖
14. 路易斯安那州州長奧斯卡‧K‧艾倫
15. 密西西比州州長森尼特‧康納
16. 密西根州州長 W‧A‧科姆斯托克
17. 羅德島州州長西奧多‧F‧格林
18. 德拉瓦州州長 C‧D‧巴克
19. 南卡羅來納州州長 I‧C‧布萊克伍德
20. 北卡羅來納州州長 J‧C‧B‧埃林豪斯

21. 紐澤西州州長 A・哈里・摩爾

22. 懷俄明州州長萊斯利・A・米勒

23. 肯塔基州州長魯比・拉豐

24. 伊利諾州州長亨利・霍納

25. 維吉尼亞州州長約翰・加蘭・波拉德

26. 佛羅里達州州長大衛・肖爾茲

27. 阿肯色州州長代表 C・G・史密斯先生

28. 德克薩斯州州長代表約翰・E・金女士

29. 新墨西哥州州長代表 O・C・伍德將軍

30. 亞利桑那州州長代表約翰・C・格林韋女士

31. 奧克拉荷馬州州長代表 J・B・A・羅伯遜先生

32. 內華達州州長代表塞西爾・W・格里爾先生

33. 華盛頓州州長代表弗蘭克・T・貝爾先生

34. 北達科他州州長代表林恩・J・弗雷澤參議員

35. 蒙大拿州州長代表約翰・A・洛夫萊斯先生

36. 科羅拉多州州長代表約翰・T・巴尼特先生

37. 明尼蘇達州州長代表約翰福利先生

38. 麻薩諸塞州州長代表大衛・I・沃爾什參議員

下面的決議案有俄亥俄州懷特州長、羅德島州格林州長和德拉瓦州巴克州長起草，並獲得州長會議一致通過：

在我們國家的金融和經濟生活面臨緊急形勢的危難時刻，我們的總統擔負著引領我們走出困境的重大責任。他已經準備

好這樣去做了，如果我們願意跟從的話。在實施其計畫的過程中，他需要我們的人民萬眾一心地支援他。

儘管我們各自政見不同，但是，各州州長及其代表們於1933年3月6日齊聚華盛頓市召開會議，以此表達我們對於總統所抱有的信心與忠誠，並敦促國會和全國人民與總統通力合作，支持其所採取的他認為對於保持金融與經濟穩定所必須的和勢在必行的行動。

新一屆國會於禮拜四召開會議前的兩天險象環生、焦頭爛額。我們不得不將我們的時間在不勝枚舉的與接管政府的日常職責和應對嚴重的金融危機相關的各項任務間迂迴。我連續與新內閣成員、眾多著名專家顧問和國會議員們進行了一連串會談。財政部長、司法部長和我國會參眾議員共同參與了起草緊急銀行法。我覺得這項方案至少數易其稿。

禮拜三晚上，在三位總統祕書和財政部長的協助下，我完成了下面的這份呈送給國會的咨文。緊急銀行法的最終版本直到國會特別會議召開的一個半小時前才出爐。

3月3日，合眾國的金融業務停止了。此刻，我們再來反思我們的銀行系統出現此次失敗的原因已經顯得多餘了。政府已經被迫介入到保護儲戶和國家商業的事務之中。

我們的首要任務是讓所有具備資質的銀行重新開業。這是隨後採取立法措施打擊儲戶資金的投機行為以及其他損害信託

地位的行為所必須的前提。

　　為了達成第一個目標 ── 銀行重新開始營業，我要求國會立即採取立法行動，賦予政府的行政部門控制銀行、保護儲戶利益的權力，授權其允許那些已經被確認狀況良好的銀行以及其他銀行盡快開始營業；授權其對發現需要重組，以將其置於良好基礎之上的銀行進行重組並重新開業。

　　我要求修正聯邦儲備法，規定增加貨幣量，並具有足夠的安全保障，以滿足對於貨幣的各種需求，同時也為了在達成該目標時不會增加合眾國政府的不良債務。

　　我向國會就立即採取行動之必要性問題發出了最強烈的呼籲。銀行業務停滯不前的狀況持續下去是不可想像的。上述法律的通過將結束這種狀況，並且，我堅信使商業活動將得以復甦。

　　同時，我也認為，此項立法不僅會立即引起那些經營狀況完好的銀行的懷疑與猜測，同時也將成為我國人民與銀行間確立新型關係的起點。

　　新一屆國會的議員們也會意識到我自己和他們所肩負的重大責任。我對此充滿信心。

　　在短短的五天時間裡，我們不可能制定出完善的措施以防止過去的夢魘重演。但是，這不會，也不應該成為拖延採取初步行動的理由。

第一章　上任伊始

　　早些時候，我曾要求國會通過另外兩項我認為十分迫切的措施。透過採取這些舉措，我們就可以接著思考一項使得國家恢復過來的圓滿計畫。

　　遍查國會參眾兩院通過並由我在同一天簽署的這項法律所有細枝末節是多此一舉。表明它批准此前所採取的一切行動、賦予政府行政部門在銀行和貨幣問題上具有更大的權力、如果至少部分地檢驗銀行的運行機制，此法律則可使整個銀行系統盡可能迅速地恢復過來，這些就足夠了。

　　上週日，當做出關閉銀行的決定時，我們所有人都很清楚，就如同我們要盡快獲得每家銀行的合乎情理的償付能力擔保一樣，我們要透過適當的程序允許銀行盡快開張營業。我想，財政部長和我都意識到，獲得必要的資訊至少需要一週時間。但是，第一項關閉銀行的公告只要求銀行關閉4天。十分坦率地講，我們認為將第一次關閉銀行的時間限制在4天內，並透過後續的公告來開展關閉時間，這種處理方式要比第一次就要求無限期關閉銀行要好些。其結果就是我於3月9日發布的第二份公告，進一步延長了銀行的假期，並聽候後續公告的安排。我經過審慎的考慮後認為，國會於1933年3月9日，也就是禮拜四所採取動作迅捷且充滿活力的行動在使我國人民確信，他們危機面前，他們有一個值得信賴的、正在通力合作的政府。

在頭五天時間裡，副總統、內閣全體成員、預算局長和我一直都在思考另外一項對於信心的回復至關重要、必不可少的因素。3 年來，聯邦財政赤字逐年增加。籠統地說，稅收已經減少了，而聯邦政府的日常開支雖然也有所減少，但很有限，而在許多方面根本就沒有減少開支。人們感受到，如果我們不制定出具體的計畫來平衡正常預算或者規定在正常預算外制定明確的補救措施，那麼我們將面臨破產。

建立健全的金融體系之必要性以及合理地使用公共資金要求我們以基本事實為基礎來制定經濟方面的法律。透過我與大眾和國會議員的接觸，我感覺到，他們很清楚地理解這些必要性。因此，在 3 月 10 日，禮拜五那天，我要求獲得授權以大量削減政府開支。此項法令的實施，即授權削減各項支出，透過此法令平衡截止於 1933 年 6 月 30 日的這個財政年度的預算，並適用於已經由上屆國會批准的下一個財政年度的撥款法案，同時給我們國家這樣的訊息：他們的政府將終結走向破產之境地。接下來的相關立法將為人們商業信心的恢復創造必要的推力。

我們的國家對於國會於昨天採取非常行動以恢復並改善銀行系統所做出的迅速反應表示誠摯的謝意。政府自身的金融問題同樣也需要採取同等積極的、坦率的和迅捷的行動。

在 3 年的漫長時間裡，聯邦政府一直朝著破產的道路

邁進。

1931 年，這個財政年度赤字為 4.62 億美元。

1932 年，該數字則為 24.72 億美元。

1933 年，該數字很可能超過 12 億美元。

對於 1934 財政年度來說，根據由上屆國會通過的撥款法案和估算收入來看，如果不採取果斷措施，赤字可能會超過 10 億美元。

這樣的話，我們的赤字會累加到 50 億美元。

我最嚴正地向國會指出了這個事實對於我國經濟所具有的深遠影響，這對我們國家金融結構的崩塌產生了作用，加速了我國人民經濟生活出現了停滯局面，這還使失業人口增加。我們政府的大廈處於混亂狀態，並且處於多種原因，一直尚未採取有效措施以恢復其秩序。合眾國政府未受損的信譽建立在儲存的安全性、保險政策的可靠性、我們的農產品價值以及就業機會的多寡等諸多方面。合眾國的信譽毫無疑問會對基本的人類價值產生影響。因此，使基礎變得穩固起來是我們所面臨的首要任務。國家的復興也有賴於此。

用一種自由放任的方法來解決此問題太遲了。我們絕對不能徒勞地等待數月才開始行動。今年夏天我們要迎接更加嚴峻的資本再運作的挑戰，這使得這種急迫性增加了。

我們現在必須懷著直接而毫不含糊的目標前進。國會議員

和我要確保對當前的經濟負責。

因此，我認為你們和我在採取行動的緊迫性上意見完全一致，而我所肩負的憲法責任就是此刻要就如何達成大量削減經費問題向各位提供建議。

我不是和大家泛泛而談的。我有著明確的想法。

上屆國會實施了相關重組和縮減行政機構的立法，但是從下一財政年度巨額赤字的角度看，這些法案的經濟學意義是微不足道的。它們無法滿足我們的信用形勢的迫切要求。制定進一步的節儉措施是必要的。因此，我今天要求國會制定新的法案，就養老金以及其他退役軍人福利的發放制定出廣泛的原則，並賦予政府行政部門制定具體推行細節之權力。我們一致認為，政府承擔著照顧好那些在戰爭中受到傷害的人及其遺孀和孤兒的責任。但是，這項廣義原則所適用的巨大族群錯綜複雜，其數目非常大，以至於在制定法律時幾乎不可能顯示出足夠的靈活性，以便使處於不同情形的人們都受到公正的對待。擬議中的法律表明了原則，並受到這些原則的規約，允許行政部門劃定區分的界限，以實現必要的公正。

與實現實質性的公正這個目的相一致，我同樣要求實施與政府的雇員和軍事人員薪資相關的法律。這將廢止現行的休假計畫，代之以一項普遍性原則，並授權行政部門實施該原則。適當的法律職能就是要確定支出數額，也就是確定支出的途徑

以及根據這項普遍原則來敲定支出量。特別是從當前重大危機的角度看，支出的細節能夠透過行政部門得以更加明智而平衡地確定下來。我所提議的措施的靈活性問題不僅是切合實際的，而且也是和憲政道路的目標相吻合的。

可以肯定的是，上述經濟學如果得以建立，將對我們的某些公民產生影響，但是，一旦失敗，其影響將波及我國的全體公民。我國政府自身的穩定性必須加以考慮，而一旦考慮到這點，那麼某些人的利益就必須服從全體公民的利益。

當重大威脅危及到我們的基本安全時，我有責任就保障我們基本安全的途徑向國會提出建議。這樣做時，我必須做到對少數人公平，更要確保對大多數人公平。正是本著這樣的理念，我向大家發出呼籲。如果國會決定賦予我這種責任，那麼這種責任將本著對所有人都公平的原則來實踐，不僅要同情那些有難處的人們，也要使合眾國的基本事務不折不扣地維持下去。

我要求立即將該法付諸實施，甚至等到下一個財政年度到來。我向你們保證，如果這樣做的話，我們可以充滿信心地期望政府的年收入將足以應對其支出。

從一開始人們就相信，發行某種形式的臨時貨幣或者緊急貨幣在銀行放假期間應對正常的業務是必要的；但是本週後，事情已經變得很明朗：沒必要發行這類貨幣。而且，由於有了

聯邦準備系統和州銀行部門的竭誠合作，財政部決定我們將允許銀行透過一套許可證制度在 3 月 13 日禮拜一重新開業。3 月 10 日的行政命令對此做了規定，同時禁止以任何形式支付黃金的行為。

行政命令
（銀行運作法令）

根據 1917 年 10 月 6 日通過的法律之第五條第二款（第 411 行），以及修正後的 1933 年 3 月 9 日通過的法律和該法之第四條所賦予我的權力，並根據其他授權，我發布如下行政命令：

財政部長獲得授權並依據其所發布的指令批准任何聯邦準備系統成員銀行以及任何其他依據合眾國法律組建的銀行機構行使其全部或者任何正常的銀行職能。禁止的職能除外。

根據合眾國轄下的每個州或者任何地方所具有的對銀行機構進行直接監管的適當權力，上述州或任何地方有權批准其下轄的銀行機構行使其全部或者任何正常的銀行職能。禁止的職能除外。

所有聯邦準備系統的成員銀行想要重新開業以履行除明令禁止的職能之外的所有常規和普通的銀行職能，應向財政部長申請一份許可證。上述申請將迅速上交到聯邦準備銀行。聯邦準備銀行將會迅速將此申請提交給財政部長。許可證將在獲得財政部長的批准後由聯邦準備銀行發放。這樣一來，聯邦準備銀行就成為財政部長收取申請，並代表財政部長、依據其建議發放許可證的代理機構。

第一章　上任伊始

在發布新的命令之前，任何個人、合作夥伴、協會或者公司，包括任何銀行機構都不得出口、透過其他途徑轉移或者允許從合眾國轄下的任何地方撤出任何金幣、金條或黃金券；符合法律規定或依據財政部長發放的許可證進行的交易除外。

除非獲得財政部長的授權，履行任何銀行職能的任何銀行機構都不得授權任何機構支付任何金幣、金條或黃金券；禁止擠兌任何貨幣以囤積居奇；禁止參與任何外匯交易活動（合法的和正常的商業要求、合理的旅行或其他私人要求，以及履行 1933 年 3 月 6 日前簽署的合約等情況除外）。

所有聯邦準備銀行都被授權和要求及時獲取關於其轄區內的所進行或完成的外匯交易，並將所有遭到禁止的外匯交易上報財政部長。

那一週，所有的事情似乎都發生了。3 月 10 日晚上，傳來了長島和加利福尼亞州發生地震和大火的消息。聯邦政府的車輪平穩地向著擴大援助的方向駛去。

在第一週時間裡，事情的變化目不暇給，以至於我感到透過收音機來解釋我們做了哪些事情，尤其是就關於銀行和金融問題為人們描繪出一幅清晰的圖景很重要。銀行業務被一層神祕的面紗遮掩著，幾乎所有儲戶內心都存在著巨大的恐懼。因此，我在準備這次談話時，試圖在腦海中保持這樣一幅情景：美國的男男女女們將其全部家當都以現金的形式儲存在某家地方銀行內，這些人現在不清楚他們是否還會看到他們存的錢。下面就是我在 3 月 12 日，禮拜天晚上所講的話。

我要花幾分鐘時間和合眾國的人們談談銀行業。只有很少一部分人了解銀行的運轉機制，而絕大多數人則把銀行用做存款和取款的地方。我要告訴大家過去這些天我們都做了什麼，為什麼要做這些事情以及我們的下一步計畫是什麼。我承認，國會山莊和華盛頓發出的許多公告、立法、財政部法規等等，大部分內容都是用銀行業和法律術語表述的，為了普通公民的利益應當加以解釋。對此我要特別表示感謝，因為每個人都堅定而心平氣和地接受了銀行休假造成的不便和困難。我知道，當大家理解了我們在華盛頓所做的一切後，我將會得到大家的全力合作，如同你們在過去的這週裡給予我們的同情和幫助一樣。

首先，我要指出一個簡單的事實，你們把錢存進銀行，銀行並不是把它鎖在保險庫裡了事，而是用來透過各種不同的信貸方式進行投資的，比如買公債、做押款。換句話說，銀行讓你們的錢發揮作用，好使整個機構轉動起來。你們存入銀行的錢只有很小一部分是以貨幣形式保存的，其數量在平時完全能夠滿足普通公民的現金需求。換句話說，國家所有貨幣的總量僅僅是所有銀行全部存款中很小的一部分。

那麼，2月底3月初這些日子裡發生了什麼事情呢？由於大眾的信心下降，很多人衝進銀行，將銀行的存款兌換成現金或黃金。取款的人非常之多，以至於最可靠的銀行也無法獲得足夠的現金以滿足需求。當然，其中的原因是，在人們一時衝

動的時刻，不可能出售銀行的完全健康的資產，除非將這些資產以遠低於其真實價值的恐慌價格變成現金。

到 3 月 3 日下午時，也就是一週前的星期五下午，美國幾乎所有銀行都關門歇業了。差不多所有州的州長都發布了暫時全部或部分關閉這些銀行的公告。

正是那時候，我發布了公告，規定全國的銀行休假。這也是聯邦政府為重建我們的金融與經濟大廈所採取的第一步。

第二步是國會迅速而充滿愛國心地通過立法，確認了我的公告，並擴大了我的權力以便聯邦政府根據時間需要延長假期和逐漸解除假期。該項法律還授權制定一項復原我們的銀行業務的計畫。我要對全國各地的公民們說的是，國會，包括共和黨人和民主黨人，透過此次行動表明：他們熱衷公共事業，認知到我國正處於非常時刻，必須快速採取行動。這在我國的歷史上是罕見的。

第三步是通過了一系列法規，准許各家銀行繼續履行其職能，負責分發食品和生活必需品，並支付薪資。

這次銀行休假儘管在許多方面造成諸多不便，但是為我們提供了供應足夠多的現金以應對這種形勢的機會。各家銀行上週一關門放假時，幾乎都是一貧如洗。任一家銀行都沒做好立即開業的準備。新法律允許 12 家聯邦準備銀行以優質資產為基礎發行更多的貨幣。這樣，重新開業的銀行就能夠滿足所有

合理要求。印刷局正在全國各地大量發行新貨幣。這是健康的貨幣，因為它有真實而優質的資產做後盾。

大家會問的一個問題是：為什麼所有銀行沒有同時重新開張營業呢？答案很簡單。你們的聯邦政府不想讓過去幾年的歷史重演。我們不想要，也將不會看到另外一次銀行倒閉大流行了。

因此，我們明天，也就是從星期一開始，12個聯邦準備銀行所在城市的各家銀行將開門營業。這些銀行在財政部首輪審查中表明狀態良好。緊接著，在星期二，已經表明可靠的銀行將在擁有經過驗證的各城市票據交易所恢復其全部功能。這意味著合眾國的約250個城市位列其中。

星期三及隨後幾天，全國較小地方的銀行將會重新開始營業，當然，具體時間依聯邦政府完成其調查的物力而定。銀行重新開業的時間有必要延長一個時期，以便准許這些銀行申請必需的貸款，獲得滿足其要求的貨幣，並使聯邦政府能夠進行常規審查。

大家要清楚，如果你們的銀行在第一天沒有開業，那麼，大家絕不能認為這家銀行將不會開業了。在後續時間內任何一天開業的銀行，其地位與明天開業的銀行完全一樣。

我知道，許多人擔心是各州銀行，而不是聯邦準備系統的成員銀行的狀況。這些銀行能夠，並將獲得成員銀行復興金融

公司的幫助。這些銀行的運作方式與國家銀行一樣，只是它們從州的權力部門獲得他們的重新營業許可證。財政部長已要求這些權力部門批准其優秀銀行依照與國家銀行同樣的時間表開始營業。我相信，州銀行營業管理處在制定關於銀行開業的政策時將和聯邦政府一樣謹慎小心，並將遵循同樣的基本政策。

這些銀行重新開始營業時，一小部分還沒有從恐懼中恢復過來的人有可能再次開始撤資。我希望大家清楚地知道，各銀行將滿足所有需求。我相信，過去那一週發生的囤積現金的行為已經變得非常不合時宜了。不需要預言大師來告訴大家，當人們發現可以獲得他們的錢時——任何時間只要目的合法都可得到——恐懼的陰影將很快蹤跡全無。人們又將樂呵呵地將他們的錢存放在得到妥善保管並能夠隨時方便使用的地方。我可以向大家保證，把錢放在經過整頓、重新開業的銀行裡，要比放在墊被下面更安全。

當然，我們這個偉大的國家計畫的成功依賴大眾的合作——依賴其智力支持和使用這個可靠的系統。

大家記住，新法律的實質性完成的象徵是使銀行有可能比以前更願意將其資產兌換成現金。已經制定了更寬鬆的規定，允許銀行將這些優質資產放在各準備銀行以拆借資金；同時還制定了更寬鬆的規定來以這些優質資產的有價證券為基礎發行更多貨幣。這種貨幣不是法定貨幣。只有有價證券充足時方可

發行此種貨幣，而每家健康的銀行都擁有大量此種有價證券。

在結束談話前還要說明一點。當然會有些銀行因沒有進行改組無法重新開業。新法律准許聯邦政府幫助進行迅速有效的改組工作，甚至准許其提前注入至少一部分新的必要資金。

透過對聯邦政府正在做的事情進行基本回顧，我希望大家看到，在此過程中沒有聯合性的，或激進主義的事情發生。

我們的銀行形勢很糟糕。我們的有些銀行在管理大家的存款時表現得不稱職或者不誠實。他們把這些委託給其經營的錢用於投機活動和輕率的貸款。當然，絕大多數銀行並不是這麼做的，但是確實有不少銀行在從事此類活動，其數目之多，足以使人們震驚得一時產生了不安全感，並形成了一種思維定勢，認為天下烏鴉一般黑。聯邦政府的工作是糾正此類誤解，並且會盡快去做。這項工作正在完成之中。

我沒有向大家承諾說，所有銀行都會重新開業，或者每個人都不會遭受損失。然而，損失可能將是不可避免的。如果我們繼續採取觀望態度的話，損失有可能更多，更大。我甚至答應大家至少對一些壓力非常大的銀行實施救助。我們不僅僅要讓可靠的銀行重新開業，而且還將透過重組創辦一些可靠的銀行。

全國各地發給我的滿懷信心的信件令我振奮不已。我對大家給予我的衷心支持表示最誠摯的謝意！感謝大家服從命令聽

從指揮，儘管你們似乎對我們的整個程序還不是很清楚。

畢竟，在我們對金融體系進行重新調整過程有一個因素比貨幣和黃金還重要，那就是人們的信心。信心和勇氣是成功地完成我們的計畫的必備條件。你們大家一定要有信念；大家絕對不要被各種流言蜚語和胡亂猜測嚇破了膽。讓我們大家團結起來消除恐懼！我們已經建立了恢復我們的金融系統的機制；支持這種機制，並讓它開始運轉就是大家的責任了。

這是我們大家共同的問題。我們大家不能認輸！

我們國家這些存款受到嚴重威脅的人們對談話的反應使我倍受鼓舞、感激涕零。當禮拜一到來，銀行重新開業，人們將大量資金存進了銀行時，我感到這次危機最為艱難的時期已經過去了。漫長而艱巨的經濟重建之路已經清晰地擺在面前了。

第二章
緊急狀態下的新政

第二章　緊急狀態下的新政

　　嚴格地講，銀行危機持續的時間僅為一週。到了第二週，從銀行一天天地重新開業，而長長的儲蓄者隊伍將他們的錢重新存進銀行的那一刻起，銀行所面臨的緊急形勢之最危急的時期已經過去了。

　　但是，「緊急形勢」這個詞的全部含義遠非銀行危機所能涵蓋的；它囊括了我國的整個經濟和社會結構。這種緊急形勢已經深入到我國農業、商業和工業的根基。這種緊急形勢就其潛在原因來說已經存在了整整一代人的時間，在 3 年半的時間內，其影響日益彰顯。只有透過徹底重組並對經濟結構進行適度控制才能癒合這種形勢。我們不可能在一週、一個月或者一年內達到此目標。這要求制定一長串新的法律，並建立一大批新的執行部門。這要求我們針對不同目標採取不同的措施，但所有這些措施又同為一項明確而龐雜的計畫的組成部分。最重要的是，這種形勢要求人民有充分的準備並給予理解。我們再也無法回到舊秩序當中去了。

　　有意思的是，上述措施的很多提案都包括在 1932 年民主黨全國性綱領之中。我可以完全由衷地贊同此綱領，並在競選演說中對其目標加以豐富和發展。但是，競選演說要融合辯論的特徵以及個人對某些觀點的看法，因此，一項包含了過於深奧而恆久不變的哲學觀點的計畫往往會遭遇失敗。

　　但是，某種政府哲學能夠並且應當成為綱領和演說的基

礎。當大家一起閱讀時，其真正目標就變得明晰起來。

就職前一個月，我還覺得，4月分的每個時間召開一次國會特別會議就可以很好地開啟這項內容廣泛的計畫。這將使新政府有機會熟悉行政機關的運作方式，並完善擬議中的立法計畫。然而，銀行危機改變了所有這一切。由於國會已經復會，並對此事的必要性理解得很透澈，國會和總統共同推進擁有更基本計畫的「新政」是最佳選擇。此事變得一目了然。

提交國會的下一份咨文（有紀錄以來最短的一份咨文）幾乎逐字引用了民主黨綱領中的語言。該咨文於3月13日提交國會，全文如下：

我提議國會透過立即修改沃爾斯泰德法案的立法，以便使獲得憲法批准的啤酒和其他含有酒精成分的飲料的生產和銷售合法化；並對其生產和銷售徵稅，以為聯邦政府提供適當且急需的收入。

我認為此刻採取這樣的行動至關重要。

此計畫從此處逐漸伸展開來。其中一個最重要的技術性難題是恢復我國農業人口的購買力已經嘗試著進行了幾次成功的實驗。農民自身並不贊同。身為紐約州的一州之長，我曾經因為讓本州的所有農民對本州之農業問題有所理解而深感自豪。各種不同的農業團體在制定本州計畫的過程中幾乎保持了團結一致；而該計畫不僅反應了生產和銷售的根本問題，而且從整

體上展現了土地使用永久規畫的長遠目標。

　　我們還沒有全國性規畫。有聯邦政府的錢去購買多餘的農產品以損失慘重告終。然而，我們卻面臨著農產品過剩的事實。

　　在農業部長華萊士的領導下，我們與農業組織的領導人以及對這個問題進行過深入研究的國會參議員、眾議員們進行了多次會談。這樣，我們制定出一項農業調整法案。該法案就其本質而言雖然還具有試驗的性質，但是卻觸及到生產過剩的根源。其結果即是於 3 月 16 日提交國會的另一份咨文。我們的行動目標有兩點：削減某些基本農作物的種植面積；使農民從農場抵押和農業家園所蒙受的損失的重壓下解脫出來。

　　致國會：

　　在你們大家和我一起參與到採取緊急措施以恢復我們的銀行秩序並使得聯邦政府的正常支出與我們的收入相平衡的同時，我認為在國會再次開會前即同時採取其他步驟具有同等的重要性。其中有一項措施對於我們的經濟復甦有著確定無疑的建設性意義。

　　這項措施與農業有關，並尋求增加我國農民的購買力與工業品的消費能力；同時大大緩解農場抵押的負擔、增加我們的銀行機構所發放的農業貸款的產值。

　　透過深入研究，並綜合各方的觀點，我們已經制定出一項

前景廣闊的措施。我坦率地告訴大家，這種措施是一條嶄新的、人跡罕至的小路；但是我還是要同樣坦率地告訴大家，前所未有的情景要求試驗新的方法以拯救農業。如果我們進行了一項公正的行政試驗卻沒有產生我們所期望的結果，那麼我將第一個承認這樣的事實並告知大家。

擬議中的立法是必須的，理由很簡單：春季的農作物很快就得播種了；如果我們再等上一個月或者六個星期，今年糧食作物對價格的影響將完全喪失。

而且，透過此時採取行動，合眾國將在即將召開的世界經濟會議上討論影響全球農產品過剩的問題時處於比較有利的地位。

將 1933 年春季通過的各項提案或者法律都貼上「救濟」、「金融」、「農業」或者「工業」的標籤是極其困難的事情。比如，農業救濟措施旨在使農業地區擁有更多的現金量，並防止家庭損失；但是，它同時還著眼於將來的土地使用、國家過剩產品的控制、影響世界產品過剩問題的國際協定之制定、為城市製造的工業產品創造一定的需求機會這些更廣泛的問題。

我向國會提交的下一項提案目的很明確，那就是為 30 歲年輕人創造就業機會，透過建立國內資源保護隊將這些年輕人帶離城市街道和州高速公路。同時，我們還在做另外兩件事情：我們將這些年輕人所得薪資的很大一部分寄還他們的家

庭。我們正將這項救濟工程與我國的森林保護事業結合，提供更多、更優質的林業作物、減少破壞性水災的發生並防止水土流失。我還想說的是，我們的做法有助於培養未來一代人的品格。

我認為下面這份 3 月 21 日的咨文不僅解釋了救濟的必要性，而且闡明了我國永久性資源保護的廣泛規畫。此咨文使國內資源保護隊營地得以建立。

針對失業救濟的措施必須馬上付諸實施，這對於我們的復興計畫很有必要。建議透過制定三項立法措施解決此問題。

第一，現在由聯邦政府出面招收工人參加那些能夠迅速開工，同時又不會對需求或者正常就業的適當標準造成影響公共就業專案。

第二，向各州提供救濟工作。

第三，制定創造就業機會的更加廣泛的公共工程計畫。

關於後一項法案，我現在正在研究所提出的眾多專案以及相關的金融問題。我將親自向國會提出建議。

關於向各州提供救濟工作這個問題，我公告諸位：去年撥款的殘餘將一直持續到 5 月分。因此，並且也因為許多州也明確要求聯邦繼續給予援助，在此次特別會議結束前必須做出進一步的撥款計畫。

我覺得有需要建立某種專門的聯邦機構以協調並監督這些

援助的發放事宜。為此，我要求你們建立聯邦救濟管理人辦公室，其職責將是審核救濟需求，並就這些救濟金的有效性與必要性進行監督。

可是，我已經詳細闡述過的首要計畫能夠且應該立即加以實施。我建議設立一個國內資源保護隊，單獨運作，不與其他正常的就業計畫衝突，並將其職能限定在林業、防止水土流失、防洪和類似的專案上。我提請各位注意的事實是，這類工作目標明確，具有實際價值，不僅可以防止目前更加重大的金融損失，而且也可以成為一種創造國家未來財富的方法。我們正從今天得到的消息獲悉，俄亥俄河和其他河流的水災已經造成了重大損失。人們也可以藉此理解該措施的重要性。

勞工部、農業部、國防部和內政部之現行機構將負責指導和控制上述工作。

我估計，如果大家授權我在接下來的兩週內繼續努力，那麼到初夏時將有 25 萬人獲得臨時性就業職務。

此刻，我不要求追加資金。現在為公共工程所撥款項足夠維持數月了。

這項事業是我國既定政策的一部分。此舉將保護我國現有的資源，並將惠及當代人及其子孫後代。此措施還將遍及全國及各州的生態環境，這個問題在過去幾年的工業發展中被大大地遺忘了。

　　然而，比獲取資源更為重要的是此項工作的道德和精神方面的價值。大多數失業的美國人現在正漫步在大街小巷並接受私人和公共救濟。這些人現在將選擇去工作。我們可以將失業大軍投入到改善環境的工作中去。從某種程度上講，我們至少還會減少失業帶來的對精神和道德穩定性的威脅。對於所有失業族群來講，此舉雖不是一劑萬靈丹，但在當前緊急形勢下卻是必須採取的措施。我請求通過該提案。

　　民間資源保護隊的動員工作立即開展並充滿生機與活力地繼續發展著。到 7 月 1 日，有 30 萬年輕人在保護隊工作，拿到了薪資。這些薪資中有很大一部分轉而支撐著其家鄉的家庭成員的生計。

第三章
保護投資者

　　到此時，我們已經開始實施我們的救濟與重建政策，這在對農業有影響的政策方面更加突出。

　　下一步是採取一種保護性措施 —— 保護投資者在銷售債券時免受虛假資訊的侵害。在我的一生中，我已經看到太多的規矩謹慎的家庭受到人類困難的折磨。他們經人勸說將其全部家當都投資到以投資做偽裝的投機性債券當中，然後在高壓下被迫出售。我逐漸認為有必要就此問題制定一項全國性性立法。各州制定的「藍天」法成效甚微。我明確地認為，無辜的大眾 —— 至少 95% 大眾在投資問題上是無辜的 —— 有權被告知的關於每一支新發行的股票或債券的全部資訊。我黨的綱領曾經對此做出過承諾，而我在 1932 年的競選中也曾經將此作為一個議題提出來。3 月 29 日，我向國會說到：

　　我建議國會透過立法來對州際貿易中的債券投資活動實行聯邦監管。

　　儘管此方面已經有許多州法存在，但是大眾在過去遭受了嚴重損失，其原因是許多銷售債券的個人或者公司缺乏道德和誠信。

　　當然，聯邦政府不能也不應當採取任何有可能被解釋為同意或者確保新發行的債券資質良好 —— 即這些債券將會保值或者它們所代表的資產將會獲利 —— 的行動。

　　最初，我們有責任堅持認為，每一支新發行並在州際貿易

中銷售的債券應當具有完全的公開性，公布其所有相關資訊，購買債券的大眾應知曉所有重要的發行資訊。

這個建議也是對「貨物出門概不退換」這一古老原則的補充，就是宣導「賣方也須謹慎」理念。它要求賣方承擔將全部真相都呈現出來之責任。此舉將推動債券的誠實交易活動，並由此提振大眾的信心。

我所提議的立法之目的是想要使大眾最大限度地享受誠信交易的樂趣。

這只是我們未保護儲戶和投資者所要採取的各種措施的一個方面。隨後將會出臺相關法律，對所有買賣進行更有效的監管，糾正銀行和其他公司的管理人員在實踐中的不道德和危險的行為等方面的立法措施。

我們希望認為重新下面這條古老的真理有更加清晰的理解：那些掌管或使用其他人的錢開辦銀行、公司和其他機構的人就是代表其他人的受託人。

過去的每一天，我、內閣和國會都面對著一些強烈要求採取行動的新的緊急需求，同時這個給我們擺脫更加糟糕的蕭條形勢並繼續對其加以打擊的機會。

我離開奧爾巴尼前的一、兩年時間裡，小屋主們寄給我的信件數量一直在增加。這些人由於贖取權的喪失就要失去其家園了。儘管農場被剝奪贖取權的狀況可以追溯到 1920 年，但

是屋主的貸款問題在 1929 年大蕭條前還不是很嚴重。因此，大眾對於屋主們存在的日益增加的焦慮情緒並不知情。

在新政府運行的第一個月期間，聯邦農場委員會主席小亨利‧摩根索先生已經準備將眾多的政府機構進行合併的事宜。這些機構以農民們的農作物、種子、牲畜或者農場做抵押向農民貸款。我們準備投入巨額資金遏制各種形式的剝奪農業債務的贖回權現象的蔓延，並準備將同樣的原則應用到屋主們身上。

為此，我於 4 月 3 日對國會說：

作為結束強制清算財產行為、增加購買力，並從保護我國民眾生產和消費利益角度出發擴大信用結構的龐雜計畫的組成部分，我要求國會就我國農民的抵押權和其他形式的負債問題制定詳細的立法。全國各地數以千計的農民們的穀物價格一旦出現嚴重波動，他們是無法面對其負擔的債務的。這點你們所有人都很清楚。目前等待通過的立法就是要謀求農產品的價格，這是確保農場債務人能夠用更加接近於其所承擔的債務水準的農產品清償其所負債務的有效措施。但是，這還不夠。

同時，聯邦政府應當規定向抵押品和其他債務再次注入資金，降低利率，以便使得債務人能夠更加平穩地適應所面臨的境況。在許多方面，這些利率過高，以至於與健全的公共政策相背離。同時，透過對分期償付債務的過程進行暫時性調整，

以使農民們獲得足夠的時間，最終重獲其自有的土地的自由所有權充滿希望。我謀求結束美國成千上萬個農業家庭眼前所面對的失去家園和生產能力的威脅這種局面。

我提議的這項立法不會為國家財政增加沉重負擔。相反，這項立法將透過聯邦政府現有機構為全國的農場主們提供一種方法，據此他們將有能力依據合理的利率重新獲得資金、減輕其沉重的負擔並為他們重新過著幸福的生活提供公平的機會。

我現在要求通過額外的立法，作為這項範圍廣泛的計畫的一部分，並將整個原則擴展到全國的小農場主和其他面臨此類威脅的族群。

就整體重建計畫的各項安排看，工業本身看起來似乎被排除在外了。這是絕對錯誤的。早在我們就職前，我們當中就有許多人一直在對工業復興計畫和建議進行審慎的整理和研究。原油生產和精煉業自身不但作為主要依賴自然資源的企業一枝獨秀，而且它依法成為內政部的繼子。內政部長伊克斯於 3 月中旬告訴我說，他準備執行一項旨在挫敗其他眾多人圖謀限制原油生產以限制大眾消費需求，為油田所有者獲取公平的原油價格並防止石油和天然氣的用戶支付過高價格的計畫。伊克斯部長是鼓足勇氣才向我匯報這些的。他與 17 個原油生產州的州長代表舉行了一次會議，並出色地達成了協定。我在 4 月 3 日寫給各位州長的信中要求他們提供幫助。正是由於這些早期

所採取的措施才使得原油管理體制得以形成，儘管過去不到一年的時間，我認為可以公正地說，我們已經揮別混亂的局勢，建立了真正的秩序。同時，我們也在很大程度上達成了三大目標。在這封信裡，我說到：

我現在向你們提交一份報告請予審議。這份報告是本週稍早於華盛頓召開的關於石油形勢的會議的結果。本次會議為期3天，參加此次會議的人是17個產油州的州長代表。同時與會的還有工業中的獨立派和主要石油和天然氣生產部門的代表。主體報告由一個15人組成的委員會起草並獲得一致通過。該委員會中州長代表、主要石油企業的代表和獨立派的代表各占三分之一。當此報告最終提交到全會時，即獲得全體州長代表和石油企業代表們的一致同意，這在該報告的第四頁已有說明。

下面這種感覺似乎廣泛存在：石油企業形勢危急，需要採取行動。人們希望受到影響的各州州長們經過相互間的磋商後將會採取適當措施以應對此形勢。

這個十五人委員會……建議聯邦政府採取某些行動。我對此的意見是，國會透過立法措施，禁止違反該立法的任何一州生產和製造的石油或產品在州際或國際貿易中的流動，對此建議應予認真考慮。我準備建議國會通過這樣的立法，以使得聯邦政府能夠在解決石油企業自身所遇到的困難時做出自己的

努力。

　　我國還得再次銘記一場災難。在紀念美國空中航空母艦「阿克倫」號的官兵時，我說到：

　　「阿克倫號空中航空母艦的優秀官兵們的損失是一場國家災難。我本人、全國人民特別是罹難人員的遺孀和家人為此感到痛心。

　　「我們能夠重新建造艦船，但是國家難以承受失去像海軍少將威廉・A・莫菲特和他的船員們這樣的損失。這些人最好地詮釋了美國海軍的優秀傳統。」

　　就像我回顧的那樣，差不多正是這個時候，隨著國家重建措施接連不斷地發布，這些措施與其他國家的經濟政策的關係問題首次浮出水面。與其他國家的代表進行了非正式磋商。我也在將於倫敦召開的國際經濟會議前夕邀請許多國家的領導人來華盛頓訪問。為了能夠不間斷地進行敘述，用單獨一個章節來集中闡述我們制定的新型外交政策的始末更加容易些。

　　到了 4 月中旬，事情開始定型了。我國人民意識到，3 月 4 日以來發布的公告、資訊和立法所涵蓋的眾多課題背後有一個清晰的目標；每項措施實際上都和所有其他措施相得益彰。工業正在重新起航；農民們看到了些許希望；銀行正在復甦。

第四章
城市建設和規畫

　　此時推出一項我國史無前例的計畫似乎是明智的選擇。確實，早在 10 年或者 20 年前，全國各地已經開始鼓勵城市規劃活動。人們意識到，缺乏長遠規畫，任由城市「像 Topsy 一樣生長」（「Topsy」是一匹神話中的常勝賽馬，牠沒有血統淵源，沒人管理，只是自生自長 —— 譯者注）是一種巨大的浪費。街道建造得過於狹窄，或者建在錯誤的地方；商業區過於擁擠；郊區的開發只是些購置不動產的計畫。漸漸地，人們開始詢問，我們為什麼不應當為國家和城市同時進行規劃呢？身為紐約州州長，我曾經發起一個全州範圍內的規劃運動，此舉的依據是對所有土地的使用問題都要進行研究。當然，與此相關聯的是要讓土地使用的目的達到最佳。我們透過將全州的土地以 10 平方英畝為單位進行劃分的方式對 3,000 萬英畝的土地進行了考察。

　　在我來華盛頓之前，我已經決定，由於多種原因，田納西河河谷地區（換句話說，就是包括田納西河及其支流在內的所有流域）將為我們在一個包含許多州的地區內進行土地使用試驗提供一個理想的場所。

　　1 月分，我與一批官員和專家參觀了馬瑟爾肖斯市，隨後即宣布了這個田納西河河谷地區的綜合開發計畫。這些計畫的發布催生出一個公共管理局以監督數萬平方英里土地的地區開發工作。

該計畫與諾里斯參議員一直以來為在第一次世界大戰期間建造的威爾遜大壩進行電力和化肥生產的開發所進行的波瀾壯闊的抗爭有異曲同工之妙。在擴大初始目標以便將整個田納西河河谷地區都涵蓋在內的過程中，諾里斯參議員和我計劃將人類活動與實體開發統統包括在計畫內。

　　我們相信，透過對這個流域內的每一條河流、溪流和小河進行控制，並依靠這個地域的人口對高度文明地使用土地問題進行規劃，我們可以對美國生活的改善做出持久的貢獻。

　　就是在 4 月 10 日，我將下面的咨文發往國會：

　　我國在田納西河河谷地區巨額投資出現的持續不見成效問題使得我要求國會通過必要的立法，將該專案置於人民的監管之下。

　　事情很清楚，馬瑟爾肖斯開發專案僅僅是這個田納西河能夠給大眾帶來一小部分好處。如果對全流域進行開發的話，這種使用方式會超越單一的電力開發：可以進入到包括防洪、水土流失、植樹造林、退耕還林、工業的布局調整與多樣化等領域。簡而言之，戰爭年代的電力開發專案合乎邏輯轉化為對涉及很多州和數百萬人民的未來生活和福祉進行全國性規劃的問題。該專案會觸及並催生出人們關切的所有形式的問題。

　　因此，我建議國會通過立法成立一個田納西河流域管理局 —— 一家具有政府職權，但又具有民營企業的靈活性與獨

創性特質的公司。該公司將被賦予最廣泛的職責，從我國全體人民的社會和經濟福利角度出發，就整個田納西河流域及其附屬地區的自然資源的合理使用、保護和開發進行規劃。這個管理局還應當被授予必要的權力，以落實這些計畫。其職責將是復興馬瑟爾肖斯開發專案，並使其融入更廣泛的計畫中去。

眾多慘重的教訓使我們懂得，缺乏規畫會導致人為浪費。各地已經幾個明智的郡、市已經具有前瞻性地做了規畫。但是，我們的國家「剛剛開始成長」。是將規畫推廣到更廣的領域的時候了。在我們最偉大的河流之一的河谷地區將直接涉及數個州的偉大計畫進行綜合開發即是這樣的一個例證。

這是對開拓者的精神和觀念的真正意義上的回歸。如果我們在此處取得成功，我們將繼續前行，一步步地在我國邊疆內的其他偉大的天然地塊進行類似的開發工作。

到此刻，我們已經做好了為保護我國的小業主而採取行動的準備。下面的咨文是 4 月 13 日提交國會的：

作為一項為加快經濟復興進程而採取的進一步且刻不容緩的措施，我要求國會透過立法保護小業主，使他們免受喪失財產贖取權的煎熬，並解除其在因過高利息和本金所造成的一部分負擔。這些負擔都是他們在賺錢能力較強、能夠創造更多價值的時候所招致的。

我向你們所建議的這項立法措施隱含著宣布實行一項國家

政策。這項政策是：國家的廣泛利益要求將家庭所有權作為社會和經濟穩定的安全閥來加以特別呵護；使業主免受不公正的強制性流失之苦。在人民普遍遭受苦難之時，這是聯邦政府責無旁貸地要考慮的問題。

我所建議的立法是與農場抵押再提供資金法案的基本原則一脈相承的。這些規定的目的就是使同樣追求這些目標的國家財政部盡可能承擔最小的責任。它制定了某種機制，透過這種機制，目前小農戶所承擔的抵押債務可能會被調整到適當的價值基礎上，既使投資人獲得適當的報酬率，同時規定在極端需求的情況下可以延期支付利息和本金。人們認為，透過發行一種只由國家財政部對利息予以保障的公債的方式獲得的資源，這將足以滿足那些找不到其他籌措資金方法的人們需求。同時，這種解決方案還提供了一種結束目前存在的不確定而混亂局勢的標準，這種局勢在業主和投資者中間產生了恐慌和絕望。

本法案的這種特質要求我運用我們的智慧對其盡快加以研究，刻不容緩。

第五章
銀行的職能

第五章　銀行的職能

財政部長伍丁與聯邦準備理事會復興金融公司的努力及財政部各位官員的辛勤勞動是偉大的。我國州和國家的所有銀行都已經審查過，絕大部分銀行已經重新開業。在財政部自身，我們也已經成功地克服了拆借足夠資金以應對必要的日常開支這個難題，儘管我們接手財政部時它無論怎麼說都已經是空空如也。

3月分期間所發布的早期文告已經使所有持有黃金的人將其黃金存入了銀行。在此期間，從我們的黃金依然由我們的銀行出口以滿足國際需求這個意義上說，我們當然還是維持著金本位制。

4月初出現的幾個徵兆使得我們開始對美國銀行的黃金儲備問題感到擔憂。的確，我們這裡的黃金儲備足夠應對目前所有的流通或信用需求。但是，與此同時，近代歷史有過太多因投機行為或恐慌而導致的金價突然間不可控制地飛漲起來的例子了。我遺憾地說，有些美國人對於他們國家的未來感到惶恐不安，以至於開始向國外輸出他們自己的資產。我還要遺憾地說，其他人則認為，如果他們可以透過輸出黃金的形式將他們的錢轉換成外國貨幣，他們以後就可以透過賣國投機行為購得更多的美元。在歐洲，國際投機家、銀行和個人對我們黃金儲備造成的壓力日益增大，這些人出售美國國債，然後買入美國證券並要求用黃金支付。其結果就是，紐約用於國外帳戶的黃金「標記物」大量增加。我們認為，這類活動幾乎可以立即使

所涉資金總額達到至少 5 億美元。此數量的任何形式的增加都
會使我們的黃金儲備損失 10 億甚或 20 億。事實是，在 4 月分
禁止黃金出口的短短時間內，按黃金計算，我們就損失了 1 億
美元。

　　正是在這點上，伍丁部長和我才斷定，是時候該阻止任何
黃金的出口了。

　　透過 4 月 20 日發布的一項非常重要的行政命令，我們達
成了這個目標。該命令規定：

　　「新命令頒布前，禁止指定將黃金用於國外帳戶，以及從
美國出口金幣、金條或黃金券的行為，除非合眾國財政部長可
以發放許可證，授權：

1. 為經認可的外國政府或外國中央銀行或國際清算銀行劃撥
   專款或為信託公司持有金幣或金條之出口；
2. 為再出口而進口的金幣或金條，或依據黃金出口協定，為
   滿足黃金精煉者正常貿易要求進口黃金原料而出口合理數
   量的金幣或金條；
3. 為切實履行此命令發布之日前所達成的任何合約的要求，
   由遵守 1933 年 4 月 5 日之行政命令的申請人所支付的金
   幣、金條或黃金券之出口；
4. 經美國總統批准，為推動公共利益所採取的必要的行動而
   出口金幣或金條。

　　新的命令頒布前，財政部長有權透過發放許可證或其他方

第五章　銀行的職能

式調查、規範或禁止任何外匯交易、在合眾國境內從任何銀行機構將貸款轉讓給上述銀行機構的外國分支機構或辦事處，或轉讓給任何銀行或銀行家、以及合眾國境內任何個人、合作方、協會或公司從合眾國出口或提取貨幣之行為。……」

這樣，我們向全國乃至全世界表明，我們要保持我們的黃金儲備的安全性不受侵害。

合眾國是否真的於 4 月 20 日放棄了金本位制，關於這個問題人們已經連篇累牘地做過很多徒勞的討論。由於法定的美元黃金含量沒有變化，聯邦政府和銀行依然將黃金作為其流通貨幣的基礎，從這個意義上來說，我們並沒有放棄金本位制。而另一方面，黃金在合眾國不再充當交換的媒介。

第二天上午，財政部長來看望我。我想，我和他都感到很開心，因為我們已經切斷了戈耳狄俄斯難結（出自希臘神話，按神諭，能解開此結者即可成為亞細亞國王。後來，亞歷山大大帝解開了此結。在此處比喻用大刀闊斧的方式解決困難問題──譯者注）。他的臉上洋溢著微笑，但是我看著他說道，「部長先生，我有些很糟糕的消息要告訴你。我不得不向你宣布下面的嚴重事實：合眾國已經解除了金本位制。」伍丁先生是個玩笑高手。他高舉雙手，兩眼圓睜，說道：「天哪！又發生什麼事情了？」

這項行政命令是一個轉捩點。其結果幾乎立即就能感受

到。依據外幣看，美元比率削弱了。而在國內的價格卻大幅攀升。最終，所有人都意識到，我們保護自己的金融資源的目的是嚴肅認真的，我們希望維持我們的貨幣穩定，同時，我們已經下定決心使我們的貨幣全面升值。

在與人們討論我們所面臨的基本經濟問題時，我常常會為他們勾畫出一幅用雙欄表示的圖表：一欄代表以美元計算合眾國所值得的價值，另一欄則代表按美元計算合眾國所擁有的價值。這些資料涵蓋所有資產和全部債務，公共的、公司的和私人的都包括在內。1929 年，按美元計算，美國的總資產遠遠大於總債務。但是，到了 1933 年春，儘管債務總量還是那麼大，但是我國的資產總值已經滑落到低於債務總量的水準。

眾所周知的做法有兩個：透過宣布破產和取消抵押品贖回權的方式來削減債務的做法已經到了很嚴重的程度，以至於它們的價值要低於財產價值；或者，增加財產價值直至其總量高於債務總量。

顯然，後一個做法是唯一合法的途徑，它可以使國家回到正常軌道而不會破壞人類價值。我們認知到，終極目標遙不可及，為了達到這樣的目標我們必須採取許多步驟。我們知道，我們不得不面對非理性的投機行為，就像我們回來在 6、7 月分所做的那樣。我們知道，這裡肯定會有起伏，但是只要心裡時刻想著這些目標，並採取多種方式和措施來達成這些目標，

那麼，我們至少可以做到真誠地努力去達成這些目標。當合眾國於 1933 年 4 月解除了金本位制時，我們有意做了其他許多國家（包括英國）違背其意願被迫而做的事情。我們國家理解，美元和過去一樣是好東西，事實上，我們希望將美元塑造成比過去 3 年半來更加堅挺的美元。但那個時期，美元一直在持續不斷地貶值。

第六章
交通運輸問題

當我說，如果 1932 ～ 1933 年冬季的經濟形勢持續發展下去，短期內合眾國的每一條鐵路實際上都將落入一個委託管理人的手裡。這種說法絕非危言聳聽。在復興金融公司的幫助之下，加之到 4 月底時運輸量大幅增加，我們相信所有比較強大的鐵路都將存活下來。同時，我們認知到，鐵路工人中有很多人失去了工作，所有鐵路和其他交通工具必須進行重組，並進行團結合作。沒有時間來準備一項完整的最終計畫；各項事實也不清晰。因此，我要求國會通過「暢通運輸」法案。5 月 4 日的咨文就此做了解釋：

蒸汽火車依舊是合眾國主要的商業動脈。但是，此時，已有的運輸量還不足以實惠地利用當前的火車設施以及新型交通形式所提供的補充性設施。

我們的主要問題是去協調所有交通運輸部門以保持足夠的服務能力。我還沒有準備好向國會提交一項永久性立法的綜合計畫。

但是，我的確認為，在此次國會特別會議上能夠且應當採取三項緊急措施：

1. 我提議廢除《州際貿易委員會法案》當中關於二次捕獲的規定。該委員會已經指出，現行規定成效甚微，不切實際。

2. 鐵路持有公司應當以類似於鐵路自身的方式，完全被置於州際貿易委員會的管理和控制之下。

3. 作為一項臨時性緊急措施，我提議創立一個聯邦交通協調官，他將在與鐵路集團共同工作的同時，能夠從乘客的立場出發，鼓勵、推動或要求採取行動，以避免雷同服務，防止浪費，並鼓勵資金重組。在執行該政策的同時，此協調官還應當在以公平的薪資保持鐵路就業水準時開發有用的服務專案。

此項試驗在今年的收支平衡期間之所得將大大地幫助聯邦政府和乘客準備於 1934 年國會正常召開會議時制定出一項更加長遠，更具綜合性的全國性交通政策。

從某種意義上講，大蕭條通貨緊縮效應對工業影響要甚於其對鐵路的影響。很明顯，如果讓工業一味等待，直到自然之力能夠使之復興，這種等待必將導致難以容忍的失業問題。因此，我利用 5 月 4 日召開的一次美利堅合眾國商業委員會會議的機會向合眾國的工業領導人們發出了明確的呼籲。這次計畫從某種意義上說就是全國復興管理局的前身。

由於過去兩個月來，我的全部時間都集中在全國和世界形勢上，我不得不優先考慮與合眾國商業委員會的各位成員們探討眾多共同利益問題的殊榮。坦率說，由於同樣的原因，我今晚既無時間也沒機會為大家準備關於我們的全國性問題的整個形勢的報告。

我並非必須要告訴大家，合眾國政府的行政和立法部門一直在謀求並就與我們自己的國內經濟以及推動世界所有國家間

的合作精神方面採取著行動。我們謀求透過採取溫和而明智的措施來增加貿易量，使失業者獲得工作機會，並大力提升日用品的價格。

我向大家提出三項要求。過去的幾週裡，我已經目睹了大部分工業中出現的雖然輕微卻明顯的復甦跡象，同時大部分日用品的價格也開始回升。過去的實踐表明，日用品價格水準在經歷了長時期的下降後開始回升時，先前被降低的薪資水準會落後於價格的增加水準。

這種結果在過去已經將不公平的負擔強加於那些從事勞動生產的人們；已經妨礙他們在工業利潤中獲得公正而相稱的比例；並使我們國家絕大多數人的購買力受到限制。

因此，我要求你們這些最有可能代表全國大多數雇主意願的議員們不要再繼續削減你們的雇員的薪資；我同時也要求你們在力所能及的範圍內，隨著日用品價格水準的提升同時增加你們的薪資成長幅度。

事情很簡單，過去的 4 年時間裡，全國平均薪資水準的下降速度要快於生活費用支出的水準。作為一個國家正義問題，必須使薪資回復到原來的水準以滿足生活費用之需。我們必須馬上而不是等到以後再來啟動這個進程。

我的第二個要求與恢復秩序有關。過去 4 年時間裡，以往一度被認為是井然有序的工業體制已經退化為一種最高度無序

的體制。大家和我都承認不公平競爭方法、跳樓價和普遍恐慌的存在。大家和我都同意：必須制止這種情勢的蔓延，必須重新恢復秩序。達成這些目標依賴你們大家相互合作的意願，以及你們與聯邦政府進行合作的意願。

在幾乎每一個工業部門，絕大多數工業單位完全願意共同努力以防止生產過剩、防止不公平薪資、改善勞動條件。過去，許多工業部門中的一小撮單位已經成功地阻止了上述目標的達成。我可以向大家保證，在讓這些少數分子理解到他們的不公平實踐是與合理的公共政策背道而馳的過程中，你們將獲得聯邦政府的合作。

我的第三個要求在本質上有些不同，雖然它與上述兩個要求有著重要的關聯。從與自己相關的公司和業務的特殊存在和利益角度來看待一個問題是人的本性使然。因此，我國不同的工業部門將同樣的觀點運用於他們自身就不足為奇了。但是，我提請大家注意那些我們必須清楚的事情：在你們自己的單位和你們自己的工業部門中的每個人和所有人都不過是一個大整體的組成部分；我國的經濟狀況必須依據整體而不是其組成部分來進行解讀。

你們當中任何人暫時的風光而令其他人永遠處於蕭條的境遇，最終將使你們一無所獲。我要求你們將你們的福祉詮釋為整體的福祉；你們要從國家整體的視角而非某個特殊工業部門

的角度出發來看待復興問題；擯棄特殊的、自私的利益，從國家復興的角度去思考和行動。

請允許我藉此機會向你們的前主席哈里曼先生及其同事們給予我的出色的合作表達我的特殊敬意。我們可以暢快地進行連繫。正是在這樣的精神感召下，我們的國家正在走出困境。在這樣的精神感召下，我們必將獲得勝利。

之後，在 5 月 7 日，我於 3 月初發表了首次關於銀行的廣播談話後再次向全國人民發表談話。這次計畫使我有機會回顧我這屆政府最初這 2 個月所發生的眾多事件。

在我就任總統一週後的那個週日晚上，我透過廣播和大家談到了這場銀行危機以及我們為應對這場危機正在採取的措施。我想透過這樣的方式我已經向全國民眾闡明了本來有可能被誤解的各種事實，並大致上找到了一種方法來理解哪些措施更加有利於恢復信心。

八週後的這個夜晚，我再次來此向各位匯報我們的工作情況：用同樣的精神和方式和大家談談我們正在做的事情和準備做的事情。

2 個月前，我們正面臨著嚴重的問題。我們的國家離滅亡近在咫尺，因為商業和貿易活動已然下降到了危險的低水準；基本日用品的價格低得已經危及到像銀行、保險公司和其他國家機構的資產價值。這些機構由於自身的迫切需求，正在取消

抵押貸款，收回貸款，拒絕放貸。這樣一來，數百萬民眾的財產實際上正遭受著破壞，因為他們曾經以這些財產的美元價格做抵押借款，但目前美元的價值與 1933 年 3 月的水準相比已經發生了重大的變化。任何複雜的經濟萬靈丹或富有想像力的計畫對於那場危機中的情形都無濟於事。我們所面對的是一場危機而不是一種理論。

現在只有兩種選擇：一是任由喪失抵押品回收權的情形繼續下去、緊縮信貸、錢繼續消失，因而迫使銀行、鐵路和保險公司進行清算和破產，並對所有商業和資產的資本按較低的水準進行重新調整。這樣的選擇意味著一種被大致稱為「通貨膨脹」的情形延續下去，其最終結果將會是，由於失業加劇、薪資水準進一步降低，所有的財產所有者以及所有靠薪資為生的人將面臨前所未有的困難。

我們很容易地看到，這種情形的結果將不僅僅展現在經濟層面，其社會後果必將是無法估量的。甚至我在就職前就認為，這樣的政策是美國人民所無法承受的。這樣的政策不僅意味著更多的家庭、農場、銀行存款和薪資將遭受損失，而且我們的精神價值也將遭受損失，這種損失包括我們對現在和將來失去了安全感，而這種安全感恰恰是維繫個人和家庭的和平與幸福所必需的。一旦你破壞了這些東西，你就會發現將來樹立任何形式的信心都變得非常艱難。顯然，簡單地依靠我國政府來恢復信心，簡單地靠借給那些搖搖欲墜的機構更多的錢並無

法遏制目前的下滑趨勢。對我來說，盡可能迅速地實施一項應急計畫對於我們的國家安全來講似乎不但是合乎情理的，而且也是勢在必行的。國會，這包括兩大政黨的成員，完全理解這種形勢，並給了我慷慨的和充滿智慧的支持。國會的議員們意識到，平時所使用的方法不得不由非常時期所採取的措施來取代，這些措施順應了當前嚴峻而迫切的需求。事實上，國會並沒有投降，它仍然掌握著憲法所賦予的權力。任何人都沒有絲毫的想法想要改變這些權力的平衡局面。國會的職能是決定必須做什麼，並選擇合適的機構來實現其意願。它一直嚴格地堅持著這一政策。唯一發生的事情是國會授權總統作為執行國會意願的機構。這不但合乎憲法，而且與美國過去的傳統相一致。

已獲通過或正在執行中的立法可以恰當地理解為該項依據充分的計畫的組成部分。

首先，我們將為 100 萬失業人口中的 25 萬人，特別是那些少有所依的年輕人創造就業機會，派他們投身到林業和防洪工作當中。這個任務很重大，因為這意味著我們要為相當於常規軍隊人數兩倍的人員提供衣食起居。在組建民間資源保護隊的過程中我們採取了一石二鳥的策略：既明顯增加了國家資源的價值，又可緩解目前人們的貧困狀況。這些人將本著完全自願的原則投入工作，不涉及軍事訓練。我們既要保護自然資源，又要保護我們的人力資源。這項工作的重大價值之一是它

很便於實行，幾乎不需要設計新的機構。

第二，我已請求國會務必通過一項議案來使得位於馬瑟爾肖斯的巨額國家財產在數年閒置後開始營運，與此相適應的將是一項改善田納西河流域地區狀況的偉大計畫。該計畫將使成千上萬人生活得更加安康幸福，並將惠及整個國家。

第三，國會將透過法律來極大地緩解我國農民和家居所有人在分期付款方面所承受的壓力，減輕我國數百萬人所承受的沉重債務負擔。

我們的下一步直接救濟計畫將是：同意撥款 5 億美元幫助各州、郡和市政府切實履行其職責，照顧好那些需要直接和緊急救助的人們。

國會也通過了法律，授權在那些希望銷售啤酒的州進行啤酒銷售。這已然大大地增加了再就業人數，並增加了急需的稅收。

我們正計畫要求國會透過法律允許聯邦政府實施公共工程，並藉此來直接或間接刺激眾多經過深思熟慮的專案的就業規模。

國會還通過了更加深入地涉及我們的經濟問題的立法。《農業調整法》將尋求使用一種或數種方法來增加農民主要農產品的收入，同時防止在此期間發生災難性的生產過剩。這種情況在過去經常導致日用品價格嚴重低於合理收入水準。這項措施

給緊急事件的處理提供了廣泛的權力。其使用的程度完全取決於將來的情形。

同樣，我們將採取經過慎重考慮的、保守性的措施以使我國的產業工人獲得更加公平的薪資收入，防止惡性競爭和超長的工作時間，同時鼓勵所有企業防止生產過剩。

我們的鐵路法案也是出於同樣的目的，它鼓勵鐵路本身制定明確的規畫，在聯邦政府的幫助下減少重複建設和浪費。這將使鐵路進入破產管理程序，自負盈虧。

我堅信，我國民眾理解並認同新一屆政府在農業、工業和交通方面所實施的政策的各種目標。我們不知不覺地發現，我們生產了太多的農產品，以至於我們自己都消費不了；我們有了太多的產品盈餘，要不是以過低的價格出售，其他人根本沒有錢來購買我們的產品。我們還發現，我們的工廠能夠生產超出我們消費能力的產品，同時我們卻面臨著出口需求下降的尷尬局面。我們發現我們運輸商品和農作物的能力超出了商品和農作物本身的數量。所有這一切問題很大程度上源於完全缺乏規劃，並完全沒有理解到世界大戰結束後就一直顯現的危險信號。我們國家的人民受到錯誤的鼓舞，他們相信能夠無限地增加農場和工廠的產出，而某些魔術大師也能夠找到方法來消費掉這部分增加的產出，並使生產者獲得不錯的收益。

今天，我們有理由相信，事情比 2 個月前略好一些了。工

業企業已經開始運轉，鐵路也在運載更多的貨物，農產品價格更高了。但是，我還不準備做出過分狂熱的保證。我們不能大肆宣揚自己已經重歸繁榮。任何時候我對我們的人民都會老老實實。我不想讓國家的人民在新的投機浪潮中斷送掉我們已經取得的進步。我不想讓人民由於盲目樂觀而去相信，我們能夠像過去一樣增加農作物和工業品的產量，認為某個好心的國度能找到願出高價來購買我們產品的買家。那種邏輯或許能夠給我們帶來即時的虛假的繁榮，但這是一種將會把我們帶到深淵的繁榮。

　　將我們已經採取的措施稱為政府對農業、工業和交通運輸業的控制是完全錯誤的。這更像是聯邦政府與農業、工業和交通運輸業的合作。這並非是利益上的合作，因為這些利益仍將惠及我們的公民；而是在規劃方面的合作，共同致力於這些計畫的落實。

　　讓我們來用一個例子來詳細說明這個問題。以棉製品業為例。事實可能是，90% 的棉花生產商會同意取消最低薪資，停止延長工時，停止僱傭童工，同意防止生產過剩。但是，如果另外那 10% 的棉花生產商支付最低薪資，延長勞動時間，在工廠中僱傭童工，並生產出我們無法承受的多餘產品，那麼此項協定的好處何在？這不公平的 10% 會生產出廉價的產品，並足以迫使那 90% 的人去應對這種不公平的環境。這就是聯邦政府所要介入的地方。在透過測量計算，並為工業企業制定

　　了規畫後，聯邦政府應當擁有並終將獲得這樣的權力，在絕大多數工業企業的協助下依據聯邦政府的授權來實施這項協議。所謂的反托拉斯法的目的就是要防止壟斷的產生，防止那些壟斷企業獲得超額利潤。反托拉斯法的這一目標必須繼續下去，但這些法律從來沒有要鼓勵此類不正當競爭的發生。這類競爭導致了延長工時、低薪資和生產過剩現象的出現。

　　同樣的原則也適用於農產品生產企業和交通運輸業以及所有其他有組織私有企業的各個領域。

　　我們正朝著明確的目標工作著。這個目標是，防止那種幾乎破壞掉了我們所稱為現代文明的事情再次發生，真正達成我們的目標尚需時日。我們的政策完全服務於 150 年前我們的美利堅憲法政府設立的目標。

　　我知道，我們國家的人民將會理解這些，並也將理解我們實施此項政策的決心。我並不否認，在我們實施這種措施的時候可能會犯程序性錯誤。我並不奢望每次都會成功。我所追求的是：為我本人和我的團隊獲取最大可能的平均命中率。西奧多·羅斯福曾經對我說過，「如果能夠達到 75% 的正確，那我將盡我最大的努力去爭取。」

　　最近，我們已經就聯邦政府的金融與通貨膨脹和金價標準等問題談了很多。讓我來把事實闡述得更加簡明，把我們的政策談得更加透澈些吧！首先，政府信譽和政府貨幣實質上是一

碼事。面對政府公債，人們只相信一項承諾。而對於我們持有的政府貨幣來說，除了履行承諾外，我們還要保有黃金和一定量的白銀。在這種關聯方面，我們需要記住這樣事實：過去，聯邦政府已經同意用黃金贖回其近 300 億美元的債務和貨幣，同時美國的私營公司也同意用黃金贖回另外 600 到 700 億美元的有價證券和抵押。聯邦政府和私有公司在做出這樣的協議時非常清楚地知道，在美國持有的所有黃金總和也不過在 30 到 40 億美元之間，而全世界的黃金總量也只有約 110 億美元。

一旦這些債券持有者開始要求兌換黃金，那麼數天內，先來的人將得到黃金，他們的總人數將只占到所有有價證券和貨幣持有者總數的二十五分之一。25 人中的另外 24 人由於碰巧沒能占得先機，將被禮貌地告知，沒有多餘的黃金了。我們已經決定用同樣的方式，本著正義的原則，從聯邦政府憲法權力的立場出發去對待所有這 25 人。我們會一視同仁，以此來維護大眾的利益不受侵害。

然而，黃金，在一定程度上還有白銀都是貨幣完美無缺的基礎。這也就是我決定現在不允許美國持有的任何黃金外流的原因。

三週前出現一系列情況很可能意味著：一，外國將耗盡美國的黃金；二，作為上述情況的結果，美國資本價值將飛漲，並以黃金的形式流出美國。告訴各位下面的事實並非要誇大其

可能性：此類流通將很可能耗光我們的大部分黃金儲備，並進一步削弱我們聯邦政府和民營企業的信譽，直至造成恐慌，使美國的產業車輪完全停止運轉。

美國聯邦政府的目標很明確，就是要提升日用品的價格，直到那些曾經借款的人們基本上能夠以當初他們所借出的同樣美元來償還這筆錢。我們並不希望看到，這些人所獲得的美元那麼便宜，以致他們能夠用比當初他們借得少得多的錢來償還欠款。換句話說，我們希望糾正一個錯誤，而不是要在相反的方向創造另一個錯誤。這就是將權力給予聯邦政府，使其在必要時擴大信用以糾正現存錯誤的原因。聯邦政府將在必要時為達到目標而行使這些權力。

與我們首要考慮的國內形勢密切相關的當然是世界局勢。我要向大家強調的是，國內形勢與世界其他國家的形勢不可避免地且深深地連繫在一起。也就是說，雖然我們能夠盡最大可能實現美國的重新繁榮，但如果離開了全世界的重新繁榮，美國的繁榮也是無法長久的。

在我們曾經和正在舉行的與外國領導人的各種會議上，我們都在追求達成四個主要目標：一，進行普遍裁軍，並藉此消除對侵略和武裝對抗的恐懼；同時，裁減軍費，以幫助平衡聯邦政府預算和減稅。二，消除貿易壁壘以重啟國家間農產品和工業品的流動。三，建立穩定的貨幣，以便推進貿易發展。

四，與所有國家重新建立友好關係，並樹立更大的信心。

過去三週以來，我們的外國參觀者對這些目標做出了積極回應。所有國家在此次大蕭條中都承受了同樣的遭遇。他們都達成了這樣的共識：所有國家的共同行動將有助於每個國家。正是本著這種精神，我們的參觀者會見了我們，並討論了我們共同關心的問題。即將召開的國際會議一定會成功的。世界的未來需要它。我們每個人都保證竭盡全力來實現其目標。

對你們，我的美國同胞們來說，我們所有人，國會的所有議員們，聯邦政府的所有工作人員們都抱有一顆深深的感恩之心。經過大危機的洗禮，你們變得有耐心了。你們賦予我們廣泛的權力；你們贊同我們的涉及範圍廣泛的計畫，我們深受鼓舞。我們將盡最大努力，動用一切可用資源，絕不辜負各位的信任。我們有理由相信，我們已經開了個明智的好頭。在當前的相互信任和相互鼓勵的推動下，我們將勇往直前。

與這項新立法相關聯，許多事情必須在實踐中展開。比如，首批關於第一次世界大戰中確實負傷的退伍軍人補償的規定數額要比最初設想的減少很多。5月初，我們對許多規定進行了重新修訂，以使這些人獲得更加公正的待遇。

當與農場債務的再注資問題相關的農業救濟法案於5月12日簽署後，我向那些抵押債權人和其他聲稱反對農民的人發出特別呼籲：請他們解除收回抵押品贖回權的程序，並請他們與

那些正在使用新型機制的人們合作。

　　也是在 5 月 12 日，我簽署了撥款法案，劃撥 5 億美元用於失業救濟。我還試圖使大家很清楚地知道，此舉並沒有免除各州和地方社區所負有的責任 —— 在其權力範圍內盡可能為其處於困境的公民提供生活必需品。

　　有必要反復重申下面這項原則：基層組織負有首要的職責；如果各基層組織已經竭盡全力，依然還有更多的事情必須要做，那麼接下來各州就該負起責任；只有各基層組織和各州已經完全盡到其職責時，聯邦政府才能夠挺身而出，用聯邦資金加以扶持。1934 年春季和 1933 年春季的情況都是如此。有些人一開始時激烈反對聯邦開支，但這些人卻是最後一批堅持主張在其自己的家鄉社區應當盡可能採取一切地方性措施來防止出現貧困和匱乏的人。這是個不幸的事實。

第七章
全國復興法

第七章　全國復興法

　　與其說全國復興法是靈機一動、衝動行事提出的想法，倒不如說它是新一屆政府就職前就已經經過深思熟慮並經過規劃的結果更公正一點。

　　早在 1930 年秋天，我就已經開始著手探討救濟失業族群以及對我們的經濟機制進行重組的方式和方法。當然，做這項工作不僅要對全國農業、工業和金融業進行全面調查，而且也要對這個國家的社會需要進行徹底的調查。

　　甚至在那時，個人和團體提出的各式各樣的計畫透過郵寄方式雪片般向我飛來。在眾多朋友的幫助下，我們對每一個看起來提出新觀點或集合眾多人的想法計畫都進行了認真研究。這些設想既考慮到各個方面的情形，同時又切合實際。

　　經過對這些計畫進行消化吸收，並對大眾輿論和政府金融形勢進行審慎的評估，促使我決定同時使用兩種方法來實施之。

　　第一種方法謀求賦予工業一種史無前例的嶄新概念。本世紀初，我們國家由一個農業國家轉變成為一個工業和金融國家。與之伴生的是商業管理的大規模集線模式的產生。這使得我們在 30 年前就開始進行反托拉斯的抗爭。

　　第一次世界大戰後，完全盲目的擴大再生產和投機行為使得我們國家處境艱難，以至於過去大危機時期所使用的復興方法變得失效了。

如果我們明確斷言，在 1933 年時，合眾國已經沒有一家大型工業未遭受生產過剩、破壞性競爭、非公平性生產活動或完全喪失規畫之苦。這樣的說法絕非誇大其詞。工業部門本身反對反托拉斯法。工業部門搞錯了。反托拉斯法的目標是防止壟斷的出現 —— 它透過限制貿易的方法阻止誠實競爭，並欺騙大眾。

　　我想，商人和其他人一樣，當商業狀況良好，他們可以賺到不菲的利潤時，他們是自私的。這是人的本性使然。我還覺得，商人和其他人一樣，當諸事不順利，處境糟糕時，他們也非常樂於支持某些新的、希望可以使事情好轉的計畫。這也是人性使然。

　　無論如何，1933 年 5 月，絕大多數商人完全樂意跟從一項偉大的由聯邦政府主導的合作運動，努力廢止過去那種費用高昂的生產實踐模式。

　　在某種程度上，我認為有必要對不同的工業部門加以區分，因為工業在實際運作過程中其運行條件存在巨大差異。我們已經簽署了這項基本原則達數個星期，實際上是數個月之久了。該原則認為，如果將每個人的勞動時間縮短，那麼就會有更多的人可以在一份給定的工作就業。這就是布萊克參議員所提方案的隱含目的，該法案號召全國各地所有工業部門的所有雇員都每週工作 34 小時。但是，我們進一步就會發現，儘管

最終目標是合情合理的，可是推行那樣一項法律所必需的大規模重組是把雙刃劍，利弊參半。

而且，我過去認為，現在依然認為，在制定出一項漸進性程序時只有事業部門自身的配合才能得到目標。這樣的程序要求針對每個工業部門的情況加以制定時得到雇員和勞動者們的配合。這就是後來為人們熟知的各項法令。我們認為，透過這種合作，以及縮短每週工作時間、取締童工可以實現規範的再就業，並確保每位工人都可以獲得合理的最低薪資。

換句話說，我們希望透過合作為勞動者所做的事情恰恰是許多年以來各州政府和聯邦政府透過立法方式所沒有完成的工作。

這就是我們所稱之為全國復興法的第一條的天才設計所在，也是其目的所在。這是一部偉大的法案，它連同農業調整法一起構成了重建美國計畫的第一道防線。

該法案的第二部分與透過直接的政府行為將人們重新踏入職場，緩解他們的痛苦，並使美國的購買力得以逐漸恢復等有關。

許多人主張將高達 50 億美元甚至更多的巨額撥款用於公共工程計畫。從大的範圍來說，我們都支持公共工程；但是我已經下定決心：僅僅為了把錢花掉而規劃的公共工程專案是為我們的後代所不恥的。讓 1,000 人手持鐵鍬，戴著手套在高速

公路的一側挖出一條自來水總管，這樣的專案不但愚不可及，而且還會挫傷實施這項工作的人們的士氣。當然，發現有益的公共工程專案意味著要對會費的數額設定限制。過去 3 年來，幾乎所有政府部門，特別是那些市政部門在各種地方性專案上一直在使用它們自己的失業人員。

我們對這一領域進行的認真研究，並得出這樣的結論：我們每年有效撥付的全部資金大約在 30 億美元左右。這些錢包括：近 5 億美元用於高速公路的建設；為了趕上我們的倫敦協定所規定的海軍力量要建設海軍；大約有 10 億美元用於主要與防洪和內陸航運有關的重大聯邦專案；最後，透過部分貸款、部分奉送的方式向各州、郡、市所撥款項。

這就是全國復興法之第二條的目標：撥款 33 億美元用於公共工程建設。

同時，為了保持聯邦政府的信用，我提議徵繳足額的稅收以支付這筆開支的利息，並採用分期付款方式予以償還。

我在 5 月 17 日提交給國會的咨文中說：

在本屆國會特別會議休會前，我建議在我們的全國性運動中採取另外兩項措施以使人們獲得工作機會。

我的第一個要求是：國會要為遍及全國所有工業部門的偉大的合作運動制定必要的機制，以便達成大範圍再就業、縮短勞動週時、為較短工作週時支付合理薪資、防止不公平競爭和

災難性生產過剩的目標。

雇員們甚至有組織的族群做不到這點，因為這種舉動增加了開支，這樣的話，那些自私自利卻不願加入到公益精神宣導者行列中來的競爭者們就會拚命低價銷售其產品。

目前，這種合作運動的最大障礙之一是我們的反托拉斯法。這些法律是為醫治制定壟斷價格的重大罪行而精心設計出來的。

這些法律當然應當作為一種讓那些古老的不公平競爭作法一去不復返的永久保障而加以保持。但是，如果得到政府授權，並在政府的指導下，民營工業部門獲准達成確保達成公平競爭的協定和法令，那麼，大眾的利益就能夠得到維護。可是，如果我們要將反托拉斯法的運作限制在其最初的目的內，就必須規定嚴厲的許可證權以應對個別的不合作事件以及許可證權的濫用問題。這樣的保障措施是不可或缺的。

另外一項建議是給予行政部門完全的權力去開始實施一項龐大的直接就業計畫。一項縝密的調查使我確信，我們差不多能將 33 億美元用於有用而必需的建設專案當中，同時還可以使盡可能多的人獲得就業機會。

該規定應當允許各州、郡、市實施有益的公共工程，並盡可能實施最有效的措施消除徇私舞弊、鋪張浪費行為以及不划算的專案。

我們必須採取迅速而強有力的行動清除過去一直拖延我們開始實施公共工程專案的不必要的障礙。簡單而直接的程序就能夠達成這個目標。

在落實此計畫的過程中，保護和維持合眾國政府的信用是絕對必要的。這意味著在我們進行如此巨額的緊急開支的同時，必須有足夠的收入來支付利息並分期償還；所提供的收入必須是充足而可靠的，而非捉襟見肘而帶有投機性的。

經過認真估算，我們發現至少還需要另外 2.2 億美元的收入以滿足聯邦政府預期借款的要求。這關係到必須增加某種或數種新型稅收形式的問題。關於這些稅收的本質，人們已經提出了很多建議。此刻，我們沒有具體的建議，但是我希望眾議院方法委員會就稅收計畫問題進行認真研究，並在下週一準備就他們認為最適合於應對當前需求，同時又使我們的人民負擔最輕的稅收計畫提出建議。到那個時候，如果做不出任何決斷，或所建議的方法看起來不是足夠充分或可靠，那麼我會將我本人關於此問題的建議提交國會。

將要徵繳的稅收之目的都是要為我們的公民創造再就業的機會。這些規定的目的應當是削減或取消稅收。

第一，盡快透過改善能夠用來替代之的商業狀況來增加收入；

第二，一旦目前各州所懸而未決的廢止第十八條修正案問

題獲得批准，廢止沃爾斯泰德法就生效。此前被禁止的收入法律將自動生效，同時徹底廢除這些臨時性再就業稅；

最後，我要強調這個事實：所有這些建議都是建立在嚴峻形勢基礎上的。因此，如果我們想要避免艱難局勢進一步惡化、維持商業進步並使事情朝好的方向發展，我們就必須以迅雷不及掩耳之勢採取果斷措施發起一項再就業運動。

因此，我敦促就此立法迅速採取行動。

6 月 10 日發布了修改行政命令。除了陸軍和海軍的軍需品外，該行政命令首次將幾乎所有政府所需物資的購買整合到一個設在財政部的採購處內；同時，許多政府機構的分配辦公室也都被整合到一個財政部的中央分配處之中。

第八章
積極救濟法

第八章　積極救濟法

從此刻直到本屆國會特別會議結束前，沒有提出什麼新的建議。5 月 12 日，我要求國會在決定對其他工業部門採取任何行動時，都應作為一個整體將石油工業包括進去。

6 月 6 日，關於整頓削減退伍軍人撫恤金問題的相關規定的行政命令宣布了其他方面的變革。給予那些受過具體而嚴重傷害的人更多補償。古老的西班牙戰爭的退伍軍人所得補償也增加了，還對其他許多方面進行的上調，這樣做就是為了糾正協調的做法。無疑，第一次調整時對這部分的削減幅度太大了。

6 月 10 日，我建議國會在政府部門和機構內對其職責進行一系列整合和轉換。估計這樣做節省的經費可以達到每年 2,500 萬美元。

緊急救濟法已經獲得通過。6 月 14 日，我們在白宮舉行了一次隆重的由各州首長參加的會議。下面的宣言將新建立的聯邦救濟管理局之目的公告他們：

緊急救濟法案展現了聯邦政府與各州和地方政府合作進行金融緊急救濟工作的決心，僅此而已。各州和地方政府也應負起各自的責任來，絕對不要指望聯邦政府提供超過總量之合理比例的金融救濟。各州權力部門和 5,000 個地方救濟委員會必須要記住，全國共計有 400 萬個家庭需要生活必需品的救濟。

顯然，聯邦救濟管理局應該給予各州政府盡可能多的責

任。這意味著在每個州要建立起一個有管轄權的，由 5 位或 6 位知名市民組成的委員會，這些人不但要以類似商業的方式來監管救濟工作，而且要完全擺脫黨派政治的干擾。救濟官員能夠確保那些需要救濟的人們得到救濟的唯一途徑就是進行有效管理。

所有社區的救濟和公共工程部門必須進行有效合作。設立公共工程專案過程中的一個重要因素是速度問題，但是我們無意於要花費公共資金只是來建立許多打著救濟旗號但毫無用處的專案。我們的目的是要鼓勵建立真正的公共工程。在緊急時期，公共工程的職能之一是提供一座橋梁，據此人們可以經由處於接受救濟的地位轉化為正常的自給自足的地位。在執行該項工作時必須摒棄黨派政治的影響。將公共工程作為一種對人口進行理性的再分配的方法，使他們能夠從人口稠密的中心區轉移到可以過著正常生活的更加有益於身心健康的地方，這種方法將會受到鼓勵。

本屆政府的主要目標是和各州及工業部門合作，以確保盡可能多的失業人員獲得就業機會，使他們能夠透過正常管道找到工作。但是，在人們得到這些工作機會前，聯邦政府、各州和地方社區必須向美國所有急需救濟的失業人員提供救濟。

我知道，我能夠指望你們與聯邦緊急救濟管理局局長進行全面而不折不扣的合作，我也可以代表他向大家保證，他也會

對你們的問題給予同情和理解，並在必要時會採取果斷行動。

在第 43 屆國會特別會議閉會的日子裡，內閣非常明確地準備最起碼部分地摧毀一項作為經濟法的後果而建立起來的基本原則。這種做法將依法使得下面的理念重新得到貫徹：退伍軍人們後來所受到的傷痛都是戰時服役的結果，並由此造成的。我堅定地認為，該理念是事實問題，而非法律問題，每件事都應當給予個人的具體情況做出決斷。最後，我們達成這樣的共識：地區委員會應當就所有事件進行調查，並盡可能公正地對事實進行判斷。隨後，我建立了一個由退伍軍人自己參加的，與地區委員會很像的特別訴訟委員會。

各種法案源源不斷地從國會山莊發出，在簽署每項法案前都必須進行審慎的檢查。

新設立的全國復興管理局、公共工程管理局、石油管理局都得建立起來。

6 月 17 日離開華盛頓前，我就復興法問題發表了下面的談話。我認為這篇談話值得重複一番，因為我們將來歷史的許多事情都將追溯到這個時刻：

歷史將有可能把全國工業復興法作為美國國會曾經實施的最重要、影響最深遠的法律銘記下來。它代表著人們為了國家的繁榮穩定，為了保持美國的標準而做出的最大努力。

其目標是透過消除那些既損害誠實經營傳統又使得工人們

處境維艱的實際操作方法和實踐來確保工業部門獲得合理的利潤，並使工人獲得維持生計的薪資。

儘管我們致力於為商業建立起新的基礎，這最終將使大批男人重新踏入職場，但是我們依然希望透過該法案所謂的公共工程條款來加速發起一個公共建設專案，此舉將使另外數萬人重新就業。

顯然，如果此專案想要獲得成功的話，就得仰賴於工業、勞工和我國每位公民的全心全意合作。

我剛剛簽署的法律之通過就是為了讓人們重新回到職場，讓他們買更多的農場和工廠的產品，使我們的商業重新恢復生機和活力。這項任務分兩個階段進行：一是在下雪前使成千上萬的失業人員重新工作，二是為更加美好的未來做一個更長遠的規畫。我們不會忽略第二個階段，但是第一個階段是火燒眉毛的工作。這項工作已經步入正軌。

該法律的第二部分透過一個大型的公共工程專案來創造就業機會。我們的研究顯示，我們應該能夠立即僱用很多人，並且到 10 月 1 日前能夠創造大約 100 萬個新的工作機會，今後這個數字還會更大。哪些工作現在就完全可以啟動，對此我們必須做到心中有數。我們的首要目的是盡快創造就業機會，但是我們也不應該向那些未經證明有效的專案裡投入巨資。

我們已經制定出了我們的行動計畫。其中某些計畫明天就

能夠啟動。我正籌集 4 億美元依法用於各州公路建設。我剛剛簽署了這份法案。我也被告知：各州將立即啟動此項工作。我還撥付了 2 億美元給海軍，使其依據倫敦協定開始建造艦船。

在我的就職典禮上，我提出了這樣一個簡單的假設：在我們國家沒有人會忍飢挨餓。對我而言，在我們國家，商業部門依賴於付給其工人低於其生計薪資而求得生存的現象無權繼續存在下去了。這點似乎同樣是昭然若揭的。我用「商業」一詞指全體商業部門和工業部門；而我所說的工人指的是所有工人——既包括白領階層，也包括所有其他工人；而我所說的「生計」薪資遠遠不是單純指僅夠維持生活的最低薪資，而是指能夠過著體面生活的薪資。

在整個工業界，從飢餓薪資與飢餓就業向生計薪資和穩定就業的轉變在很大程度上能夠透過一項所有雇主同意簽訂的工業協定就可以做到。這樣做對他們大有裨益，因為我們 1.25 億人都能夠過著體面的生活最終將意味著向工業界開放了一個有史以來最為富庶的市場。這是利用我們的工廠所謂的過剩生產能力的唯一途徑。這就是國會所曾制定的最重要的法律之一所秉持的原則，因為這項法律通過前無從確定任何工業協定。

從這個想法出發，該法律的第一部分建議我們的工業部門自發地進行合作，以便在今年夏天將數百萬人重新送回他們正常的工作崗位。對雇主們來說，這件事很簡單，就是透過縮減

每個人的週工作時間來僱用更多的人從事目前的工作，同時為較多的週工作時間支付一份生計薪資。

任何單一雇主，以及任何缺乏單一行業中所有雇主參與的團體都難以單獨完成此事，並在商業競爭的氛圍中生存下來。但是，如果每個行業的所有雇主──無一例外地──現在都誠摯地團結在這些現代同業工會之中，並同意立即採取共同行動，那麼任何人都不會受到傷害，而且那數百萬長久以來被剝奪了靠辛勤工作維持生計的工人們也能夠再次高昂起他們的頭。這項法律的挑戰之處在於，我們是否能夠放棄一己之私利，為抗擊共同的敵人結成牢不可破的統一戰線。

這對工業領域是個挑戰，因為它長期以來一直堅持認為，如果給予它採取協調一致行動的權利，它就可以為大眾做更多此前屬於非法的事情。從今天開始，工業領域擁有了這樣的權利。

許多善良的人懷著忐忑不安的心情對這項新法投了贊成票。我不像他們有這樣的不安。1917 年和 1918 年大合作期間我有些許忐忑。我的想法是：我們不能指望工業部門再次支援我們的共同目標，去對抗新的威脅而不去利用大眾信任的任何好處。今天，大眾信任已經毫不吝惜地根植於美國商業的堅定信念和崇高目標當中。

但是工業部門在另外一方面受到挑戰。不僅僅是同業工會

內部那些樂於逃避責任的人會成為達成我們的共同目標道路上的絆腳石，而且，從某種意義上說，這些工會相互之間也進行著競爭。出於完全同樣的原因，任何一個單獨的行業，任何獨立的工業部門，任何一個單一的雇主都無法做成這項工作。換句話說，我們可以將此事想像為一個「敷衍塞責者產業」。

這項法律對勞動者來說同樣是一項挑戰。工人們在此也獲得了一項長久以來一直尋求獲得而未能獲得的新權利。但是，他們知道，國家希望看到的第一步行動是所有工人的大合作，靠集體行動來空前地改善工人的狀況。工業部門離開了全體大眾的支持，特別是它們自己工人們的支持是做不到的。這不是一項旨在挑撥離間的法律。這也不會成為那樣的法律。這是一個需要各方滿懷信心地伸出援手的時刻；我們可以沒有後顧之憂地依賴所有美國人中具有的公平競爭觀念，以確保此刻朝著團結一致抗擊大蕭條的方向迅速前行的每家企業的工人們與其同心同德，共克危局。

進一步講，這對政府也是一項挑戰。我們正在去除反托拉斯法的某些保障條款。大眾一定要受到保護，不要受到制定這些法律所防止的權力濫用的傷害。為此，我們用一些新的政府控制方法取代了古老的自由競爭原則。這些控制方法首先必須是不偏不倚的、公正的。它們的目的是要讓商業獲得解放而非束縛之。任何支援其工業向前建設性發展的人都會無所畏懼的。對這些人來說，個人的創造性將獲得前所未有的發展空

間。但是，我得把話說得更明白些：反托拉斯法依然堅決反對妨礙貿易和價格制定的壟斷行為，此種行為將使其賺取超額利潤或制定非公平性高額價格。

如果我們要求同業工會做那些從來沒有做過的、由於某些成員不願做他們的分內之事而使其商業利益受到削弱的事情，那麼我們必須保護那些大眾利益而循規蹈矩地做事的人們，以防止那些利用其他人的大公無私行為獲取私利。我們一定要使他們免受侵入雇主和工人組織的圖謀私利的歹徒的傷害。我們正在花費數十億美元資金，如果想使這筆開銷真正服務於我們的目標，就得雷厲風行。我們必須看到，我們所面臨的緊迫形勢不允許徇私舞弊、貪汙受賄情形的存在。對任何政府來說，所有這些都是沉重的負擔。只有當我們得到全國各地人們的耐心、合作與支持時才能做到這些。

最後，這項法律對我國全體人民的挑戰。在美國，我們無權強迫大眾違心地去做我們所要求的事情。在美國沒有哪個團體可以阻擋大眾輿論的力量。那些為了恢復工作勇往直前的人獲得大眾的強有力支持、而那些徘徊不前的人則會感受到大眾不滿的重負，只有這樣我們的偉大合作運動才能獲得成功。

關於機制問題，也就是完成我們正開始著手做的事情所應採取的實際方式，即當某個商業協會準備好提出一種準則，該協會有資格成為真正的代表，並且在向所有相關人員都發出了

合理警示之後，聯邦政府或其職能部門會舉行一次聽證會。一個由勞工部長任命的勞工諮詢委員會將負責使所有相關勞工團體在諮詢機構中獲得完全而充分的代表性，不論其是否有組織還是無組織的；任何感興趣的勞工團體都將有權透過自己選舉出來的代表表達其意願。一個由商業部長任命的工業諮詢委員會將負責使所有相關工業團體在諮詢機構中獲得完全而充分的代表性，任何感興趣的工業團體都將有權透過自己選舉出來的代表表達其意願。一個消費者諮詢委員會將負責代表消費大眾的利益，任何直接或間相關團體或階層都將獲得各種機會來表達其意見。

在這些聽證會召開之後，並由一個出色的經濟委員會進行最仔細的審核後，管理局長將把該問題提交到我這裡，由我依法採取行動。

我完全知道，薪資的增加最終將增加費用。但是，我要求管理部門首先應考慮到，期望中的大眾購買力的提升將極大地提升銷售水準，這將改善運作成本狀況。這是良性經濟學和良性商業。所有這一切措施的目標透過提升我們國內市場的龐大購買力來使其恢復元氣。如果我們現在盡最大可能快速地同步提高價格，增加薪資，那麼整個專案將化為泡影。如果在最初這關鍵的幾個月內，我們甚至完全沒有以全部原始利潤為代價來抑制價格上漲，那麼我們就不能指望這項計畫會充分發揮作用。如果我們能夠開啟商業發展的強烈上升之趨勢，那麼在今

年最後一個季度我們的工業毫無疑問將陷入困境。人們這種被抑制的需求是相當巨大的；如果我們在廣泛的領域內使其得以釋放出來，就不必害怕沒有復興局面的出現。過分狂熱的速度也蘊藏著更加巨大的風險。

最近幾週，在一些工業部門已經出現了某些以不相稱的極低價格購買期貨的情形。由政府宣導的這場運動所導致的費用增加有可能使得某些製造商和雇主難以毫髮無損地履行他們現在手上的某些合約。對於那些從這些購買期貨（法律通過前已經達成合約）的行為中獲利的人們而言，讓他們帶頭採取行動，對原有計畫進行修正，以消化供應方所增加費用某些比例，藉此提高大眾利益，這是範圍廣泛的工業合作運動的組成部分。只有這個工業界發揚這種心甘情願、深謀遠慮的精神，我們才有希望獲得成功。

根據該法第一條之規定，我已經任命休‧詹森為管理局局長，商業部長兼任一個特別的工業復興委員會主席。這個機構現在已經準備好接受已經提出的法規，並著手立即召開旨在提交給我予以批准的聽證會。儘管所有同業協會都應按時提交其可接受的建議，我還是希望控制著工業就業規模主體的十大主要工業部門能夠立即將其最基本的法規提交上來，而整個國家有望在 7 月分開始進行我們偉大的全國性運動。

在接下來的 3 週內，與公共工程和建設專案相關的該法之

第八章　積極救濟法

第二條將暫時由管理局局長唐納德・H・索耶上校以及一個由內政部長為主席，商業部長、農業部長、陸軍部長、司法部長、勞工部長和預算局長為成員的特別臨時委員會共同掌控。接下來的兩週內，管理局局長和這個委員會將對已經提交或尚未提交的所有專案進行研究，並如前所述，根據新法之規定將立即對某些專案進行分配。

在實施公共工程和工業再就業這兩項孿生舉措後，我們完全可以期盼著大量男人和婦女在冬季到來之前就可以找到工作。這是歷史上最重要的嘗試。就好像第一次世界大戰時所面臨的大危機一樣，此次危機把全體國民推上了一場簡單卻至關重要的試驗的前端：「我們是繼續一盤散沙、各自為戰地接受失敗還是像一個偉大的團隊一樣去行動以迎接勝利呢？」

當然，顯而易見的是，建立起必要的運行機制需要數週時間，但是我們必須同時啟動此事。休・詹森將軍依據該法第一條之規定被任命為工業復興管理局局長，並與一個工業復興特別委員會一起工作。該特別委員會由商業部長、司法部長、內政部長、農業部長、勞工部長和預算局長組成，而聯邦貿易委員會主席負責該法案的實施。

6 月 26 日，我依據全國工業復興法第一條之規定授權農業部長執掌與農業相關的所有職能。根據此項權力，農業部長華萊士任命喬治・皮克先生籌建農業調整管理局。

與此同時，一個由唐納德‧H‧索耶上校為臨時局長，成員包括內政部長、陸軍部長、司法部長、農業部長、商業部長、預算局長、喬治‧R‧斯波爾丁和助理財政部長羅伯特的公共工程特別委員會被責成籌建公共工程管理局，以落實該法之第二條的內容。

　　6月16日清晨，國會休會了。我樂意再次對國會來自兩黨的參眾兩院議員們在解決我們共同面對的問題時給予我的慷慨支持和鼎力合作表示感謝。

　　我將永遠銘記1933年6月16日。再見了，副總統、眾議院主席以及參眾兩院的議員們。

　　可以肯定地說，這次國會特別會議將作為我們國家歷史上最勇敢地掌握住機遇來糾正重大錯誤、恢復更加清楚的思考並更加老老實實地做事的傳統、依靠迅速而切合實際的行動恢復其商業運轉並使我們重新回到前進的軌道上的特別國會載入史冊。

　　那個晚上，我希望去看看我的兒子，他就要從學校畢業並將駕著一艘雙桅縱帆船周遊新英格蘭海岸。

　　回覆完所有的來信，並安排好手上的、身為一位總統所能做的所有工作後，我於6月17日，禮拜五晚上出發前往新英格蘭海岸。

第九章
我們的外交政策

第九章　我們的外交政策

一個國家在外交事務方面甚至比內政事務更需要有一項基本而連續的政策。世界和平因此得到加強，因為每個國家就能夠更加長久地依賴於其鄰國所採取的行動。世界動盪與爾虞我詐在很大程度上源自於外交政策的不確定性以及不能堅持那些既定的、無私的原則。

外交政策必然是由各自政府的首腦們闡述出來。這個事實也是國際政策為什麼經常成為個別領導人的野心或特殊集團的工具的展現，而不是相關國家內人民自己的真實目的和願望闡釋的原因。

過去的一個半世紀以來，我們自己與世界其他國家的官方關係無論怎麼說也不是一成不變的。但是，我認為，美國人民作為一個整體比他們的眾多領導人或者政府有著更加一致的政策。

因此，我曾經謀求本著我所認為的我國全國各地絕大多數人民所秉承的那種精神處理我們的外交關係問題。

在處理我們與其他國家的關係時，我沒有依照這樣的總體設想採取不同的措施，而是將這些問題統統放在單獨一章裡加以探討。可是，人們卻應該依據我們自己在第一年當中所陸續發布的國內的、立法的和行政管理措施來加以解讀。這點在關於倫敦經濟會議的事件上尤其如此。

在我的就職演說中，我簡約地談到了外交事務，強調了美

國應該推行「睦鄰外交」這一基本的外交政策想法。我首次有機會闡述這樣的想法是 4 月 12 日在泛美聯盟執行委員會的特別會議上。在下面的演說中，我試圖用簡單的措辭來闡釋美洲 21 個共和國之間的相互關係的內涵：

我很高興有機會參加「泛美聯盟成立紀念日」慶祝活動，並代表美利堅合眾國人民向我們的美洲共和國姐妹們致以誠摯的問候。在這幢大樓裡舉行「泛美聯盟成立紀念日」慶祝活動，是要致力於國際友好與合作，並在西半球的人民中間鑄就思想與目標團結一致的典範。這是相互幫助、情感共鳴和精誠團結這一共同理想的公開聲明。

今天，美洲 21 個共和國的公民參加的活動集中展現在將它們彼此連繫在一起的歷史的、文化的、經濟的和社會的共同性上。這樣的想法很有感召力。共同理想、利益共同體以及合作精神使人們意識到，一個國家的福祉在很大程度上依賴其鄰國的福祉。這就是泛美主義所賴以建立的基礎。

此次慶祝活動掀起了一場基於友好合作政策的運動。我在就職演說中說道：我要「使美國致力於奉行睦鄰政策。美國作為他國的鄰邦，應當堅決尊重自己，同時因為自尊而尊重他人的權利，尊重自己的責任，尊重自己在一個由許多鄰邦組成的世界與鄰國所簽訂協定的神聖性。」「睦鄰」這個詞在國際關係中的重要性從來不曾如此彰顯過。鄰邦在人類活動的所有形

式方面進行合作的需求與好處也從來沒有今天這樣直白過。

　　像個人之間一樣，國家間的睦鄰友好也需要採取建設性措施以集合全人類的力量，以培育一種交互理解，緊密合作的氛圍。這涉及到相互間的義務與責任，因為只有靠切實尊重他人的權利並使每個共同體成員充分履行其相應的職責，一種真正的兄弟情義才能得以維持下去。

　　真正的泛美主義的基本品格應包括睦鄰友好，即相互理解，透過這樣的理解來達到尊重並欣賞他國觀點的目標。只有透過這樣的方式我們才能希望建立起以信心、友誼和睦鄰友好為基石的體制。

　　本著這種精神，這塊大陸所有共和國的人民正對這樣的事實有了深入的理解：門羅主義這一提出並宣揚了一個多世紀的思想過去是，現在仍舊是服務於維護本大陸人民獨立事業的外交政策。它過去和現在的目標都是要反對任何美洲以外的國家以任何方式在這個半球獲得其他領土的控制權。

　　與這種大陸自衛的泛美主義一脈相承的是，過去數年來，美洲共和國的人民對每個共和國的獨立必須承認每一個其他共和國的獨立這項主張的理解更加透澈。我們每一個共和國的發展壯大依靠的是文明和社會事業的進步，而不是靠以任何其他鄰邦為代價去攫取領土。

　　在這塊大陸上，本著這種相互理解和合作的精神，你們大

家和我都必須抵禦鄰邦之間任何武裝衝突的干擾。我毫不遲疑地對泛美聯盟執行委員會各位傑出的成員們說，我認為，目前我們的四個姐妹共和國之間的衝突是一種退步。

你們的美洲主義和我自己的美洲主義必須以信任為基礎，並且僅以承認平等和友好這樣的信念來加以強化。在這裡，這種信念將獲得生生不息的生命泉源，根植於人民心中，並在智慧的殿堂發揚光大。

我們每個人都有自己的特殊問題。坦率地講，我們國家自己公民的利益在各方面都是第一位的。但同樣不容置疑的是，美國政府自己將毫不遲疑地採取一切可能的措施，消除目前存在於各美洲共和國人民之間的、妨礙健康貿易流動的所有人為壁壘和限制，這對這個大陸每個國家而言都是至關重要的。

泛美聯盟執行委員會的各位先生們，我很高興向你們傳達這樣的資訊，因為我將該聯盟看作美洲團結精神的外在表現。正是以這種英勇向前的團結精神為重要內涵，人類才一定會發現世界事務中一股偉大的穩定性力量的存在。

在談話結束時，請允許我提一下今天上午稍後即將開始的這場儀式，在這個儀式上，委內瑞拉政府將向泛美聯盟贈送因為美洲偉大的領袖和愛國者 —— 法蘭西斯科·米蘭達（Francisco de Miranda）的半身塑像。我要和你們一起親眼目睹這件贈品。

第九章　我們的外交政策

　　直到今年夏末在古巴出現問題之時，我們的泛美關係才有了新的進展。

　　4月初，世界主要國家就即將召開的國際經濟會議展開對話。一年前提出召開此次重大會議時，人們就正確地想到，應該提供機會給大家就眾多經濟、金融、商業和社會問題進行自由而有益的討論。一個特別委員會已經準備了一項涵蓋許多問題的非常有意思的專案。我認為，公正地說，本次會議的基本目標是尋求打破各種貿易壁壘、開發國家間商品和農產品交易的方式和方法，換句話說，就是要尋求使世界貿易發展壯大起來的方式和方法。金融和貨幣問題必定是這項計畫的一個部分，但也只是其組成部分之一，因為英國、法國和美國之間當前匯率的穩定也是該計畫的組成部分。

　　正是本著對這個計畫進行考察的精神，我才邀請許多國家的領導人於4、5月分來華盛頓。我們榮幸地請到了大不列顛王國首相麥克唐納、加拿大總理貝內特、法國的赫里奧特閣下、義大利財政大臣瓊格、阿根廷共和國大使勒布雷頓、德國財政部長沙赫特、墨西哥財政部長潘尼、中國財政部長宋子文、巴西的布拉西爾先生、日本的石井菊次郎、智利的托里斯先生以及其他國家駐華盛頓的外交使節們來華盛頓參觀。

　　我們就各種話題進行了討論，涉及很多問題。他們也並未將話題局限於如何保持英鎊、法郎和美元的穩定方面，而是探

討了透過互惠和其他方法來消除貿易壁壘，以及世界補償的形象化運用來解決世界問題方法和方法。在目睹了後來倫敦發生的事情，以及世界裁軍大會上正在發生後來在日內瓦取得進展的危機狀況後，我把這個觀點表達得更加清楚了。

這次裁軍會議雖然在組織方面得到國際聯盟的支援，但又與國聯完全不同，因為此次會議從一開始就得到了美國政府的熱情支持。會議已經取得了進展，並致力於具體計畫的真正討論，該計畫涉及目前的陸軍和武裝力量問題，提議在數年內縮減服役武裝人員和攻擊性武器數量。

5月初，事情似乎明朗起來，這些討論由於德國政府的態度以及以犧牲更廣泛的世界目標為代價而提出的歐洲政治和種族困境使得這些討論快要中斷了。

我認為，此刻向全世界的政府首腦們發出呼籲是有益的，這不僅可以防止世界裁軍會議破產，而且還會建立起一項明確、具體而實際的原則作為繼續進行此項工作的目標。下面這則談話至少有火上澆油的功效：

我國人民所抱有的殷切期望促使我身為其政府首腦向你們，並透過你們向你們國家的人民發表下面的談話。這個期望是和平可以透過實際的裁軍措施得以保障；我們所有人都會在共同的抵禦經濟危機的抗爭中取得勝利。

為了達成這些目標，世界各國已經召開了兩次重大世界會

　　議，生活在全世界的男人、婦女和兒童們的幸福、繁榮與命運都與他們的政府在不久的將來所做出的決定連繫在一起。社會環境的改善、個人人權的維護、社會正義事業的深化都有賴於這些決策。

　　世界經濟會議很快即將召開並將很快得出自己的結論。世界不能徒勞地等下去了。本次會議必須要透過穩定貨幣、使世界貿易自由順暢流動起來並採取國際行動來提升價格水準等方法建立起秩序，以取代目前的混亂狀況。簡言之，本次會議必須要依靠明智而審慎的國際行動來為經濟復甦制定各自的國內計畫。

　　裁軍會議已經忙碌了一年有餘，最終也未能達成令人滿意的結論。目標的模糊不清依舊是險象環生的衝突根源。我們的職責是要以最大多數人的最重大利益為基礎，透過採取協調一致的行動來取得實際成果。完成這項重大職責前必須掃除瑣碎的障礙，遺忘瑣碎的目標。自私的勝利必將以最後的失敗告終。我們全世界所有人的持久和平是值得我們盡最大努力爭取的唯一目標。

　　如果我們問，為什麼要裁軍？其理由是：儘管第一次世界大戰的教訓和悲劇仍歷歷在目，但是在今天，裁軍問題成為壓在全世界人民肩上的、比以往任何時候都沉重的負擔。顯然，此問題具有兩面性：一是各國政府公開或祕密地以犧牲鄰國為

代價擴大其疆域。我認為，只有少數幾個政府，或者只有一小群人懷有這樣的目的。二是各國擔心受到侵略。我認為，絕大多數人認為必須保持超常的武裝力量是因為他們擔心他們會受到侵略，而不是因為他們自己想要成為侵略者。

這種擔心不是空穴來風。現代進攻性武器要比防禦性武器強大得多。邊疆哨所、戰壕、鐵絲網、海岸防禦工事，一句話，這些靜態的防禦工事再也無法抵擋戰機、重型機動性大炮、被稱為坦克的陸地戰艦和毒氣的攻擊。

如果所有國家都能完全同意不去擁有和使用這些使成功的進攻成為可能的武器，那麼自主防禦將固若金湯，而每一個國家這邊疆和獨立也就有了保障。

裁軍會議的最終目標必須是徹底銷毀所有進攻性武器。當前目標是實質性削減某些進攻性武器，並大量削減其他武器的數量。

本政府相信，目前正在日內瓦討論的關於立即削減進攻性武器的計畫只是朝著我們的最終目標邁進的第一步。我們並不認為擬議中的削減措施已經足夠了。但是，本政府對當前提出的措施表示歡迎，並將為達成進一步進行裁軍的目標施加自己的影響。

最簡單地說就是，關於目前的討論要達成三方面的共識：

1. 像在麥克唐納計畫中所廣泛勾劃的那樣，立即採取第一步

的明確措施以朝著這個目標邁進。

2. 就出去後續措施的時間和程序達成一致。

3. 各國要同意：一旦採取了第一步和後續的舉措，那麼任何國家都不應將其目前的武裝力量增加到超過條約規定的範圍之上。

但是，在整個裁軍期間必須使世界和平得到保障，我因此提出第四項措施，它與上述三項舉措的不折不扣地落實休戚相關，並完全依賴於此；它從屬與現行條約權力：

全世界所有國家都應當加入一項莊嚴而明確的不侵犯協定之中：它們應莊嚴地重申它們所負有的限制和削減其武裝力量的義務；如果所有簽約國都忠誠地履行了這項義務，那麼每個國家都應承諾，不會將任何形式的武裝力量派往其國界以外的地方。

我們達成的共識表明，如果任何強國拒絕真心實意地加入到這些維護政治和經濟和平的共同努力 —— 日內瓦的世界裁軍會議和倫敦經濟會議 —— 當中來，那麼進步的車輪就會遇到障礙並最終停滯下來。正在尋求兩種形式的和平的文明世界都懂得失敗的責任歸咎於哪裡。我呼籲，任何國家都不要承擔這種責任，所有參加這些重大會議的國家都要將其所宣布的政策變成行動。這是實現政治和經濟和平的必由之路。

我相信你們的政府必將加入到實現這些願望的隊伍中來。

同時，我在下面的咨文中告知國會我已經做了哪些事情：

我現將今天上午向那些參加裁軍會議和世界貨幣與經濟會議的國家元首和總統們發表的談話以咨文的形式通報給國會。

我採取這些行動時迫不得已，因為事情已經日益明顯，世界政治經濟的和平與穩定受到自私自利、鼠目寸光的政策、行動以及威脅採取行動的威脅。

絕大多數國家希望保持世界政治經濟和平穩定的美好願望面臨著一小群不合作國家所設置障礙的風險，就好像在國內事務領域，大多數人在商業、勞工和其他領域所採取的合作措施經常被少數自私自利之人挫敗一樣。

美國人根深蒂固的渴望更好的生活環境、避免戰爭的願望也是每個國家人民的共同心聲。作為達成此目標的一項措施，我在對各國的談話中強調了削減武裝力量的實際必要性。我們以及所有其他國家早就應當理解這樣一個簡單的事實：今天，防止任何國家遭受侵略或國家主權遭受破壞的唯一途徑是徹底銷毀那些使發生這樣的事情成為可能的武器。

這種做法將使小國在抗擊大國時相對更加安全。

而且，永久防禦對政府預算來說是一次性支出，而持續不斷地用改進的進攻性武器重新武裝起來的大量軍隊則是一種循環性支出。今天，這個因素是導致政府赤字和破產威脅的最重要因素。

裁軍的方法就是裁軍。防止侵略的方法就是使侵略成為不

可能。

　　我已經要求各國就下面這四項實際而同步的措施達成一致意見：

1. 採取一系列措施銷毀進攻性武器。
2. 現在要立即落實第一步措施。
3. 採取這些措施之時，任何國家都不應將其目前的武裝力量增加到超過條約規定的範圍之上。
4. 依據現行條約之權力，在實行裁軍期間，任何國家都不應將任何形式的武裝力量派往其國界以外的地方。

　　我們的人民認知到，只有其他國家擁有了進攻性武器時，我們才需要擁有這類武器；如果世界所有國家都步調一致，他們將自由地放棄這些武器。

　　在國內事務領域，國會已經在改善社會環境、保持個人人權和推進社會正義事業等問題上給予了我誠摯的理解。

　　我在此提交給各國的談話中也列舉同樣的目標。正是為了確保這些偉大的人類價值我們才透過削減侵略性和攻擊性武器來追求和平。

　　今天，我們有著深切的遺憾之感，因為經過數月後，已經是 1934 年的 2 月底了，而我們依舊未能在裁軍會議上取得實質性進展。遺憾地說，某些政府和某些民族不情願放棄領土擴張的想法或目標或進行帝國主義擴張的做法意味著，合眾國

只能重申：一旦其他國家就現實而有效的裁軍計畫達成一致意見，合眾國願意加入到其他國家的行列當中來。我國隨時準備加入任何公平、公正地削減武器裝備並使世界人民從令人窒息的軍費開支，以及遭受到侵略和攻擊持續恐慌中解脫出來的世界協定。

簡單地談談經濟會議問題。由美國國務卿赫爾率領的代表團於 5 月底離開華盛頓。他們抵達後不久，事情變得很清楚，會議上的某些國家的代表團決定將美元、法郎與英鎊之間實行某種形式的明確而即時性穩定匯率作為認真討論本次會議任何其他議題之先決條件。

一時謠言四起，財政部長伍丁覺得必須在 6 月 15 日發表如下宣言：

今天，倫敦出版的各種關於美國代表就以某種形式來穩定匯率這個問題已經達成一致意見的報導引起我的關注。這類報導缺乏事實依據。

關於穩定匯率的任何建議都將提交美國總統和財政部；我們這裡沒有收到任何此類建議。在倫敦關於此問題的討論只能是探索性的；關於這個問題的任何協議都將在華盛頓而非其他地方做出來。

進一步討論此次會議的細節已屬多餘。國務卿以及美國代表團的其他成員想方設法試圖在該計畫的其他部分取得實際成

果。他們在白銀的使用和購買問題上取得一致意見。但是，組成眾所周知的「金磚」國家的要求成為會議的主流聲音：「我們不會討論任何事情；除非美國首先同意立即實行穩定匯率，否則我們將解散本次會議。」

我國懂得，其他所有國家也都懂得，我們在國內致力於一項偉大的復興計畫，一項要求提升價值的計畫。此時，人們甚至無法準確地確定美元、法郎與英鎊之間應當臨時性地穩定在某個匯兌節點上。

在倫敦，事情發展到一個關鍵路口，很顯然有必要清晰而明確地提出我們的主張。於是，我在 7 月 2 日向國務卿和在倫敦的美國代表團其他成員發出了下面這則電報：

我認為，召開本次重大的國際會議是為了找到一個更加真實而持久的金融穩定計畫，並使全世界國家的人民更加繁榮富強；但是，如果此次會議在認真思考這些更廣泛的問題之前使其受到一項純粹人為的、僅僅影響到少數幾個國家的貨幣匯率的臨時性試驗的建議之干擾，那將會演化為一場世界性悲劇。這類行動，這種干擾表明其與此次會議是不相稱的，並且忘卻了本次經濟會議最初將大家召集在一起所肩負的更大目標。

我並不欣賞這樣的想法：堅持採取這種行動會被當作基本經濟錯誤持續存在的推托之辭，這些錯誤是當前世界範圍內所經受的大蕭條的根源。

這個世界不會長久地受到僅僅是為數不多的幾個大國為達成臨時性的，可能是人為的外匯匯率之穩定所犯下貌似合理的謬誤所蒙蔽。

　　一國合理的國內經濟體制在創造其福利過程中比改變其他國家的貨幣地位的貨幣價格發揮更重大的作用。

　　正是出於這樣的原因，削減政府開支，使其具有足夠的政府收入和創造收入的能力以償還政府債務對於實現最終穩定是最為重要的因素。所謂國際銀行家們的老生常談也正在被規劃國家貨幣的努力所取代。這種國家貨幣的目標是使得這些貨幣擁有一種持續的購買力，這種購買力不會因現代文明的消費品和需求情況而發生重大變化。我想坦率地指出，合眾國所需求的是這樣一種美元，它在一代人之後將具有與我們在不久的將來希望獲得的美元價值等同的購買力和債務償付能力。這個目標的含義是，它將比依據英鎊或法郎的價格在一、兩個月內維持某種規定的匯率的做法更能給其他國家帶來實惠。

　　我們的廣泛目標是使所有國家的貨幣保持長期穩定。黃金或者金、銀將繼續很好地充當支撐貨幣的金屬儲備，但目前尚不是揮霍黃金儲備的時候。當世界大多數國家制定出一致的政策來使其預算與支出間的平衡得到控制時，我們將適時地探討世界黃金與白銀供給的更好的分配方案，以作為國家貨幣的儲備基礎。世界貿易的復甦在方法和結果方面都是重要的參與

方。在這裡，暫時性匯率穩定也並非真正的解決問題之道。我們必須放鬆出口限制，使各國產品互通有無，交流更加便捷。

召開此次經濟會議是要改善經濟狀況，並且或許是要解決基本的經濟問題。一定不可偏離這個目標。

國務卿赫爾經過艱苦努力，使本次會議最終沒有解散；並且，我們都希望本次會議使得在更加廣泛的國際關係領域重新展開討論相關問題成為可能。

8月初，古巴的國內局勢使我們必須派遣幾艘小型戰艦和海岸警備艇前往某些美國人在其附近生活著的港口。8月13日，我們發出了如下聲明：

古巴的某些人口聚居區的某些地方正在發生包括暴力活動的混亂狀況。

在這種情況下，出於特別防範的考慮，並且僅僅是為了美國公民在古巴的生命和人身安全，我不得不命令某些戰艦駛往古巴海岸的某些地區。

目前發生在古巴的政府變動是與該國獲得認可的憲法和法律精神完全一致的，在古巴權力部門使其正常的法律與秩序環境得以恢復前，為保護美國公民的生命安全而採取的這項預防性措施沒有也無意於對古巴的內部事務進行任何干涉或調解。

我向每艘戰艦的長官都下達了嚴格的指令。

美國人民對於古巴人民在經濟上遭受的困境深表同情，並

在祈禱古巴全國各地迅速恢復平靜與嚴整的秩序。美國政府將盡其所能透過現行古巴權力機構進行援助，以使該島的人民從苦難中解脫出來。

從此以後，我們一直在奉行一種不干涉政策。合眾國對於該政府並沒有給予正式承認，因為我們認為古巴人民還沒有對其給予足夠的實質性支持。但是，1934 年初，在門迭塔總統（Carlos Mendieta y Montefur）的領導下成立了新一屆政府。在古巴危機期間，我們與其他美洲共和國保持著密切連繫，與其分享我們的全部資訊，並且，我希望使我們的坦誠而友好的關係得到加強。

11 月，國務卿赫爾領導的一個傑出代表團前往於蒙特維的亞召開的美洲國家會議。此次會議的成果令人非常滿意，並作為一項成就受到所有美洲國家的歡迎。

自從就任美國總統以來，我就已經感覺到美國在與俄羅斯保持官方或非官方關係方面缺乏建樹。10 月分，下面這兩封書信的友好往來為利特溫科夫的到訪掃清了障礙。11 月，我們與俄羅斯的外交關係得以恢復。

親愛的總統先生：
自從本屆政府開始以來，我就已經考慮到，希望採取措施以結束美利堅合眾國 1 億 2,500 萬人民與俄羅斯的 2 億 6,000 萬人民之間的非正常關係。
非常令人遺憾的是，儘管這些偉大的民族之間有著共有的有利

條件，他們在長達一個多世紀的時間裡曾保持著愉快的傳統友誼，但是，現在他們卻沒有直接地進行相互交通和溝通實際方法。

造成這種反常情況的困難是很嚴重，但我認為並非不可解決。而大國間的難題只能靠坦率、友好的對話才能解決。如果您也有類似的想法，那麼我將樂意接見您所任命的任何代表來與我個人就我們國家間存在的各種問題進行交流。

當然，參加這樣的談論不會使哪個國家在任何未來的行動中承擔義務，但卻會表明一種是相關問題獲得圓滿解決的真誠願望。我希望這種談論會使我們兩國的人民受益。

富蘭克林‧D‧羅斯福敬上

1933 年 10 月 10 日

於華盛頓白宮

我親愛的總統先生：

我已經收悉您於 10 月 10 日給我的信件。

我一直思考著美利堅合眾國和蘇維埃社會主義共和國聯盟這兩個偉大的共和國之間在過去 16 年間存在的十分反常而令人遺憾的關係。兩國缺乏正常的交流方法，也因此被剝奪了享受此種交流所帶來的實惠的權利。我非常高興地注意到，您也有同感。毫無疑問，兩國間當前和未來存在的難題只有兩國建立了直接關係時才能得到解決；另一方面，沒有這種關係就沒有機會解決這些問題。我想進一步坦率地指出，您在信中所正確地談到的這種反常情況不但對兩國的相關利益，而且對整個國際局勢都造成了不利影響，增加了不穩定因素，使全世界的和平進程複雜化，並對圖謀破壞和平的勢力發揮推波助瀾的作用。

處於上述考慮，我很樂意接受您的建議，派蘇維埃政府的一名代表赴美國與您談論我們兩國的利益問題。蘇維埃政府將由外交事務人民委員利特溫科夫先生為代表，他將在雙方商定的時間赴華盛頓。

米哈伊爾·加里寧敬上

1933 年 10 月 17 日

於莫斯科

這樣，透過這些簡單的書信往來，經過多年之後，俄羅斯和合眾國人民之間的歷史友誼得以恢復。

12 月 28 日舉行的伍德羅·威爾遜誕辰晚宴使我有機會再次提出美國人民在處理與其他姐妹國家關係方面所持的政策。我說：

「理解一定是友誼之果茁壯成長的沃土。」威爾遜總統於 1913 年在莫比爾演說中所使用過的這句話能夠很好地詮釋合眾國政府的政策。此政策平等地適用於我們對國內問題和國際關係問題的理解。

伍德羅·威爾遜是一位導師，當他使用「理解」這個詞時，不是從政治家、政治領袖、商業鉅子和金融大亨的角度出發的，而是將其應用於世界上那些不斷地到學校學習簡單的真理，以便他和他們的鄰居能夠過著更加安全、更加幸福、更加美滿的生活的人們。

在每一塊大陸、每一個國家，伍德羅·威爾遜提升了人們

對自身的理解程度。我認為，過去 10 個月所發生的事情比我國歷史上任何類似時期都更深刻地激發了人們對政府、政府問題以及政府目標的興趣。如果美國人民沒有從伍德羅‧威爾遜兩年前所講到的原始激勵和原始理解獲得啟發，他們也可能有現在的興趣與理解。

在那次莫比爾演說中，威爾遜總統首先明確闡明了其主張：「合眾國絕不會再次透過攫取一英尺領土。」合眾國接受了這一政策宣言。威爾遜總統進一步就我們的拉丁美洲鄰國問題特別指出，物質利益一定不要超越人類的自由。

但是，在很大程度上由於第一次世界大戰及其後續影響所造成的動盪，這項大公無私的政策並沒有在所有問題上取得完美的結局。在這方面，我們大家都責無旁貸。

我要毫不猶豫地指出，如果我身為某個其他美洲共和國的公民參與了一場政治運動，我也會禁不住強烈的誘惑去利用我的那個共和國同胞們的恐懼心理，指責北美的合眾國具有某種形式的自私地進行擴張的帝國主義野心。身為某個其他共和國的公民，我會發現很難完全相信這個最富有的美洲共和國的利他主義。特別是身為某個美洲其他共和國的公民，我很難認可對其他共和國領土的占領行徑，哪怕只是一種臨時性措施。

因此，身為美國總統，對我來說事情似乎明朗了：是到了補充並貫徹落實威爾遜總統宣言的時候；美國要進一步宣布將

從現在開始奉行明確反對進行武裝干涉的政策。

維持其他國家的立憲政府並非是美國政府獨有的神聖職責。在這個半球維持法律秩序與政府的有序發展首先是每個國家在其自己的邊疆範圍內要做的事情。只有當有序進展遭遇挫折影響本大陸其他國家之時，此問題才應成為他們所關注的問題；我要強調的是，在這種情況下，這個問題就會變成整個大陸所有比鄰而居的國家共同關注的問題。

正是本著對這項主張的理解 —— 領導人們以及所有美洲共和國的人民都要對此加以理解 —— 才使得在蒙特維的亞召開的會議取得如此顯著的成就。今天，北美洲、中美洲和南美洲各鄰國之間的感情處於最佳狀態。我們為成為此項成就的參與者感到自豪，而合眾國的國務卿科德爾·赫爾也享有很高的聲譽。

在更廣闊的世界領域，一系列事件已經使人們偏離了伍德羅·威爾遜的最終目標，而不是離這個目標越來越近。

膚淺的觀察家們將這種失敗的原因歸咎於國家主義精神的發展。但是，他這樣做時從一個比較狹隘的、局限的範疇提出了國家主義觀念，而這種國家主義卻受到每個國家自己大多數人民大眾的支持。

今天，我要向世界人民描述的國家主義發出挑戰。

使世界和平面臨危險指責的根源不在於世界人口，而在於

世界人口中的政治領袖們。

　　威爾遜總統向世界人民大眾發出的豪邁呼籲史無前例地激發出他們消除未來戰爭的想像。他的呼籲對於一大批所謂的政客們想像力或良心而言幾乎一文不值。這些人於 1919 年齊聚巴黎為的是炮製一項所謂的和平協定。我耳聞目睹了此事。政治利益、個人聲譽和國家擴張共同見證了國際聯盟的誕生，但由於首先都在尋求他們自己的利益和安全而使得國際聯盟降生伊始就變成殘疾了。

　　可是，直接透過國聯或者間接透過其行動綱領，世界各國已經向前探索著去發現某種比過去那種調停其分歧的方法更理想的東西。

　　國聯提供了一個普通的召開會議的場所；提供了服務於國際討論的機制；在許多實際的方面有助於勞工、衛生保健、商業和教育商業的發展；還有，它使得大國與小國之間存在的眾多重大的和細小的論爭得到切實解決。

　　今天，合眾國正公開地、更全方位地運用國際聯盟所提供的機制。

　　我認為，當我指出那些舊有的政策、聯盟、組合和權力平衡都已經證明自身不足以維繫世界和平時，就已經把我國民眾的觀點表達出來了。國際聯盟在世界和平機構中占有支持性地位，它鼓勵更多國家簽署和平協定以及削減武裝力量協定。

我們不是成員，也不奢求獲得成員資格。我們正在所有非政治性事務上，在所有明顯代表著世界人民的觀點和利益的問題上 —— 這些觀點和利益不同於政治領袖、特權階層或服務於帝國主義目標的觀點和利益 —— 給予國聯以支援和配合。

　　如果你將全世界大約 15 億人口統統囊括在內的話，就會發現下面這種猜測是保險的：今天，他們當中至少有 90% 的人同意將各自國家的領土進行限制；如果世界所有其他國家都同意明天就進一步削減他們的武裝力量，他們也會贊同此事。世界和平再次受到威脅，其原因在於恐懼，或許甚至是擔心有可能出現這樣的情形：世界上另外 10% 的人口追隨其領袖以犧牲鄰國為代價謀求領土擴張，並尋找各種藉口拒絕削減其武裝力量或者停止擴充軍備，即便所有其他人都同意不進行侵略並削減武裝力量也無濟於事。

　　如果這 10% 的人能夠聽從另外 90% 的人的規勸去做他們自己想做的事情而不受其引導，我們就會在全世界實現實際的和平、持久的和平、真正的和平。我們自己的國家已經朝著這個最偉大的目標邁出了堅實的步伐。

　　我曾經向世界所有國家闡明了下面的事實：

1. 讓所有國家在短短數年內透過逐步推進的措施銷毀其所擁有的全部進攻性武器，並不再增加新的進攻性武器。此舉無法確保一個國家不受侵略，除非在實行之時有權以永久性和固定防禦工事強化自己的邊疆安全；並有權透過國際

社會持續不斷的審查，以確認其鄰國也沒有開發或保有進攻性戰爭武器。

2. 明確宣稱：禁止任何國家的任何武裝力量跨越其自己的邊境，進入到另一國境內。此舉將被人類視為侵略行為並因此受到人類的譴責。

3. 如果所有國家沒能無一例外地依其神聖職責加入到該協議之中，銷毀進攻性戰爭武器的共同協議就是一紙空文。如果大多數國家按照只有當所有國家都簽署了該協定，該協定才能生效這個明確條件簽署了此協議時，再來確定哪些國家屬於人類的少數派—這些人依然信奉使用戰爭方法對其鄰國進行侵略和攻擊—就相對容易了。

我對我們自己國家以及全世界所有男女當中的絕大多數人傾向進行了冷靜而講究實際的調查，直到覺得有把握時才提出這個建議，確定了我曾經提出的基本目標及達成該目標所應採取的實際措施。這當中許多民族的政治領袖們提出並將提出其觀點、藉口和模糊不清的、甚至是可笑的修正意見。但是我要告訴他們，他們所服務的這些男男女女比他們的領導更具優越性；如果世界人民為自己的利益而抗爭，我們就能夠立即達成一項尋求世界和平的世界協定。

有史以來直到 1914 年到 1918 年間的世界衝突，政府都是戰爭的製造者。伍德羅‧威爾遜對這種必然性提出了挑戰。這種挑戰使得那些創建並改變了政府的人們進行思索。他們對伍德羅‧威爾遜的做法感到迷惑不解：在某一天，人民自己是否

也無力防止政府去製造戰爭。

　　我們在新時代提出的建議僅僅是伍德羅・威爾遜挑戰的引申：從今往後，政府製造戰爭的情形將轉變為人民創造和平。

第十章
經濟復甦與重建的進程

第十章　經濟復甦與重建的進程

　　7 月初，我回到華盛頓以後，整合政府的各部門投入到創建和鞏固由國會審議通過的新政府機制的艱巨工作中。

　　這本書的創作意圖源於我們仍處於改革的進程之中，並非著意於估量新法案的作用，或是評價我們的努力所取得的立竿見影的效果。隨著時間的推移，每一位聰明正直的美國人都會做出他或她自己的評價；我們必須在頭腦中牢記一點：新政作為一個整體專案仍然處於擴充的過程，它是建設性的。從這個意義上說，一旦一項措施沒有成效，就要嘗試其他辦法。

　　在我們達到值得對改革做出整體評價的程度之前，還需要推行許多項措施。

　　在本章和接下來的章節中，我將按照時間順序列出發生在 1933 年 7 月到 1934 年 3 月 4 日期間的主要事件。其中的一些演講和國情咨文清楚地展現了經濟恢復和重建的進程，描述了新政的綱要。

　　7 月 8 日，我任命內政部長伊基斯為公共工程管理局局長，對其委以重任 —— 立即進行 33 億巨額撥款的配給工作。

　　7 月 11 日，成立執行委員會。成立的原因很簡單，由於創建了眾多的新機構，每週把這些機構的成員和內閣成員聯合在一起召開例會是勢在必行的。出席這項星期二例會的除了內閣成員外，還包括：預算局局長、復興金融公司董事會主席、農業信貸局局長、屋主貸款公司董事會主席、農業調整總署負責

人、聯邦救濟局局長、田納西流域管理局董事會主席、聯邦運輸協調員、工業復興總署負責人和民間資源保護隊負責人。富蘭克‧C‧沃克被任命為會議的執行祕書。

7月14日，內政部長被授權全權負責石油管理局。

7月21日，從公共工程專款中撥款2,000萬美元購買林地，由民間資源保護隊完成這些新增林地中的工作。

7月24日，我透過廣播對幾個月來的工作做了回顧，內容如下：

5個星期前舉行的具有歷史意義的國會特別會議休會後，我有意拖延了向大家匯報的時間。這有兩個原因。

其一是我想我們所有人都需要一個進行平靜思考的機會，對開啟新政車輪100天來所發生的諸多事件在頭腦中進行反思和吸收。

其二是我需要幾週時間來組建新的管理機構並認真審查我們精心規劃的首批成果。

我想，如果我將用於國家復興的規畫的基本原則說出來，你們一定會感興趣的。我確信，這將使各位更加清楚地認知到，3月4日以來通過的所有議案和法律不是眾多鬆散方案的集合，而是一項關聯密切的邏輯整體的有機組成部分。

早在就任美國總統以前我就已確信，個人的、地方的甚至是各自為戰的聯邦政府的努力都已失敗；此類努力的必要性終

將失敗；因此，聯邦政府的全面領導無論在理論上還是在實踐上都成為必然。但是，這種領導發端於保持和強化美利堅合眾國政府的信用，因為沒有這種信用，任何領導也是不可能實現的。多年來，聯邦政府一直靠赤字運行。眼前的緊迫任務是使我們的日常開支保持在我們的財政收入範圍內。此事我們正在做。

對一個政府來說，一方面要削減日常開支，同時還要借錢並花費數十億美元來應對緊急情況，這看起來似乎有些衝突。但實際上並不衝突，因為大部分緊急救濟款都以健康貸款的形式支出了，這筆錢數年後將被償還給財政部。為了籌集其餘的緊急救濟資金，我們已經徵收了稅收來支付債務部分發生的利息。

因此，你將發現，我們已經使我們的信用保持良好的紀錄。在混亂時期，我們已經建立了堅實的基礎。聯邦政府的信用基礎的確已經建立起來，不僅廣泛而且真實。

接下來的這部分問題是關於個體公民自身的信用的。你們和我對銀行危機及其對我國民眾存款所構成的重大威脅都有了些了解。3月16日，所有的國家銀行都關閉了。一個月之後，存款人在國家銀行中90%的存款又可以使用了。今天，國家銀行中只有大約5%的存款依然被凍結。就各州銀行的情況來說，雖然從比例的角度看不是很理想，但凍結存款的總額正呈

現出逐漸減少的趨勢，—— 這個結果比我們3個月前想像的要好得多。

個人信用問題由於另外一件事情而變得更加艱難。這裡的美元與招致普通債務出現的美元是不一樣的。因此，許多人實際上正失去對於農場和住宅的所有權和領有資格。你們都知道我們為了糾正這類不公平現象所採取金融措施。除了住宅貸款法外，農場貸款法和破產法都已獲通過。

減少人們的債務和利息負擔，恢復人們的購買力確實非常迫切。但另一方面，在我們幫助人們保有其信用的同時，絕對有必要為那些在那一刻身陷困境的成千上萬的人們做些事情，來滿足他們的身體方面的需求。市和州的援助正被延展到極限。我們撥款5億美元來填補他們的不足。而且，如各位所了解到的，我們已使30萬年輕人投身於既實際又有意義的林業、防治水災和水土流失等工作中去。他們所賺取的薪資的一大部分將供養構成其家庭成員的近100萬人。

依照同樣的分類方法，我們用於龐大的公共工程的資金總額將達到30億美元。這些錢將被用於修築鐵路、建造輪船、防治水災、內河航運以及數千個自籌資金的州和市的改進計畫。在分配和管理這些專案時有兩點必須澄清。一是我們正竭盡所能去選擇能夠創造就業機會、奏效快和實用的專案，避免議員為當地選民爭取地方性建設經費情況的發生；二是我們希

望，至少有一般的錢將會從專案回歸到聯邦政府。這些專案一段時期後將能夠自食其力。

到現在為止，我已經主要講了基石的問題，談到了聯邦政府透過防止貧困和由各級政府部門提供盡可能多的幫助，以便重建信用，並引領人民朝相反的方向前進而採取的措施。現在，我來說說將讓我們保持長久繁榮的關鍵因素。我曾經說過，在一個一半蒸蒸日上，而另一半衰敗不堪的國家不會有長久的繁榮。如果我們所有國民都有工作可做，都能得到公平的薪資和收益，那麼他們就能買其鄰居的產品，情況就是好的。但如果你奪走了其中一半人的薪資和收益，那麼情況就只有一半是好的。即便那幸運的一半非常繁榮也於事無補；最好的方法是使每個人都過著幸福的生活。

多年來，較低的農產品價格和對失業的日益麻痺大意一直是實現正常繁榮的兩大障礙。這些因素使我國的購買力縮減了一半。我承諾採取行動。國會承擔了自己的責任，通過了《農業和工業復興法》。今天，我們正將這些法律付諸實施。如果大家理解了這些法案的基本目標，它們的實施將會見到成效。

首先來談一談《農業調整法》。制定該法案的依據是，我國人口將近一半的購買力依賴足夠高的農產品價格。我們生產的某些農產品數量已經超過了我們的消費能力。國際市場疲軟使得外銷也很困難。解決此問題的辦法是不要生產那麼多東

西。沒有我們的幫助，農民們無法共同減產。《農業調整法》為他們提供了一種方法來使產量達到合理的水準，並使其農產品保持合理的價格。我已經明確指出，這只是一種試驗性的方法。但是，既然我們已經走出了這一步，我們就有理由相信這種方法必將產生良好的效果。

顯而易見，我國有數千萬人依靠農業和農產品銷售為生，如果我們能夠極大地提升這些讓人的購買力，那必將大大提升工業產品的消費能力。

這就是我的最後一招 —— 將工業品價格調到合理的水準上去。

去年秋天，我在多個場合明確指出，透過在工業界的民主自律，我們有可能做到普遍增加薪資，縮短工時，直到使工業企業付給其工人足夠多的薪資以讓工人們購買和使用他們生產的產品。只有允許和鼓勵工業企業採取合作的態度，我們才能夠做到這些。因為很明顯，如果沒有聯合一致的行動，每個競爭集團中總有些自私的人會付給工人極少的薪資，並堅持讓其工人過長時間地工作。該集團的另外一些人要不是跟進，就是關門停業。過去 4 年來，我們已經看到，此類行為的後果是將經濟進一步推向了深淵。

有一種方法顯然可以解決這個難題。如果每個競爭集團的所有雇主都同意付給其工人相同的薪資，一份合情合理的薪

資；同意採取同樣的勞動時間，一種合情合理的勞動時間，那麼較高的薪資和較短的工時就不會傷害任何雇主。而且，與失業和低薪資相比，這對雇主更為有利，因為這可以讓更多的人購買其產品。這就是《工業復興法》的核心理念。

根據所有人協調行動這個簡單的原則，我們正在開展全國範圍的反失業抗爭。如果我們的同胞理解了這個原則，我們就能夠取得成功——無論是在大企業還是小店鋪，在大城市還是在小城鎮。這個原則非常簡單，也不是什麼新玩意。它可以追溯到社會和國家的基本原則本身，即萬眾一心，眾志成城。

舉例說吧。在棉紡織品條令和其他已經簽署的條令中禁止使用童工。自從我到華盛頓就任總統以來，這是我參與的最讓我個人感到高興的事情。童工一直是紡織品業揮之不去的夢魘。我很自然地想到了這一行業，而也正是此行業在《工業復興法》簽署後就給予了我們極好的合作。但沒有哪個雇主能夠獨自採取禁止童工的行動。如果哪個雇主或哪個州想試一試的話，其運作成本將直線攀升，直至他們不可能與沒有採取此種措施的雇主或州進行競爭。《工業復興法》剛一通過，這個多年來根本無法透過法律或輿論方法解決的怪物一瞬間就解決了。正如一位英國編輯所說的那樣，我們在一天內通過一部法令做到的事情比英國人在 85 年間靠習慣法做到的事情還要多。我的朋友們，我用這作為例證並非是要吹噓我們已經多少事情，而是要向各位表明我們在幾年夏天和秋天還有哪些更艱巨的工

作要做。

　　今年的情況比去年要好些。我堅信所有勇敢和樂觀的人都能夠挺過這個冬天。我們不能再讓美國面臨無助的艱難局面，是採取積極行動的時候了。工業復興法給了我們戰勝失業的武器，就像我們用以清除童工時一樣。

　　簡單說，該法案說的是：如果所有雇主一致縮短工時、增加薪資，我們就能夠讓人們重新回到職場。任何雇主都不會遭受損失，因為所有人的競爭成本的相對水準將等比提升。但是如果哪個集團掉了隊，這個重大的機遇將與我們擦肩而過，而我們也將陷入另一個困難時期。一定不能讓此類事情發生。

　　我們已經向所有雇主散發了一份協議，這是經過數週協商的成果。該協議核查了幾乎所有大企業提交的自願性條令。這份空白的協定得到了我任命就此協議提出建議的三大委員會的一直認可。這些委員會由勞工、工業和社會服務界主要領導人的代表組成。此協議獲得了每個州和工業界各個階層眾多人士的認可。這是一項經過深思熟慮的、合乎情理和目標明確的計畫。它將使透過法令在各個產業部門所建立的最重要的廣泛原則得以立即貫徹落實。自然地，使得這些條令完善起來並獲得通過將涉及大量的整合工作、舉行大量的聽證會並將耗費數月時間，但我們等著所有這些條令一一獲得通過。但是，我正在分發給每個雇主的這份空白協議將使這項工作現在就開始運

轉，而非從現在開始一直等到 6 個月後再說。

當然，一定有人 —— 雖然是少數人 —— 會為了尋求個人私利去阻礙這項協議的通過。法律方面懲罰將會很嚴厲，但我現在希望你們從輿論和道德的角度進行合作。這是這個偉大的夏季我們用以抗爭失業的唯一武器。但我們會將這一武器的作用發揮到極限以抵禦落後者的干擾，並使這項計畫取得成功。

戰爭中，執行夜間攻擊任務的戰士要在其肩頭佩戴明亮的徽章以避免戰友間的戰鬥。根據這樣的原則，那些在此計畫中進行合作的人們相互間得一看便知。因此我們頒發了獎章。它的設計很簡單，上面刻有一句話，「我們做了份內的事」。我要求所有那些和我站在一起的人們將這枚獎章放到顯眼的地方。這對達到我們的目標是必要的。

所有大型的和基本的產業部門都已經自願地提交了所提出的條令，在這些條令中，他們接受了導致大規模再就業的原則。令人振奮的示範效應儘管重要，但是小企業主在這個過程中的作用最為關鍵，因為他們的貢獻將使 10 倍的人獲得工作。這些小企業主確實是我國的中堅力量。我們的計畫成功與否很大程度上取決他們的配合。

電報和信件正雪片般向白宮飛來。雇主們將他們的名字放到這份光榮榜上。他們代表著大型企業和公司、合夥人和個體經營者。我要求哪怕是在我們所發出的協議中所設定的日期

前，我國那些還沒有照此辦理的企業主們 —— 不論是大企業主還是小店主 —— 都應以個人名義打電報或寫信到白宮，表明其參與該計畫的意願。我的目標是，每個城鎮的郵局將所有那些與我站在一起的人們光榮榜展示出來。

我要藉此機會對此刻正在舊金山參加會議的 24 位州長說，這次會議一開始所通過的決議案是對這項偉大運動的最有力的支持。該決議案迅速且完全地同意我們的計畫，並確保在其所在各州支持此計畫。

我想誠摯地為那些因事實上的失業或對失業的恐懼而使其生活變得暗淡的男人和婦女們加油打氣。已獲批准或即將通過的法令和協議將表明，這項計畫確實會增加薪資，也確實會給更多的人帶來就業機會。你們可以將每個同意該計畫的企業主看作是正在做著他們分內事情的人，他們將對每一個為謀生計而工作的人做出貢獻。像我本人一樣，你們也會清楚地看到，那些逃避責任的企業主或許可以以比其競爭對手低廉的價格拋售其製造的產品，但他們據此獲得的積蓄是以我們犧牲我們國家的福祉為代價的。

我們在從事這項偉大的工作時不應該有異議和爭論。沒有時間來吹毛求疵或者對這份協議所設立的標準提出疑義。我們應該耐心些，多份理解，多份合作。依據這項法令，我國的工人有不可被剝奪的權利，任何人都不允許削減他們的權利；但

是，另一方面，也不可透過暴力方法獲取這些權利。整個國家將團結起來為你們獲取這些權利而奮鬥。適用於企業主的原則也適用於工人。我要求工人們以同樣的精神進行合作。

當被稱為「老核桃木」的安德魯‧傑克遜逝世時，有人曾問，「他會去往天堂嗎？」有人答道，「如果他想要去的話，會的。」如果有人問我，美國人民能否使自己度過這場危機，我的回答是，「如果他們想要的話，他們會的。」該計畫的本實質是，人們普遍同意限制每人每週的勞動時間，付給工人高於最低薪資標準的薪資。我無法保證這項全國範圍的計畫肯定會取得成功，但我國的人民卻能夠確保其成功。我對「包治百病」沒有信心，但我相信我們能夠極大地影響經濟力量。我對那些職業經濟學家們所持的觀點不敢苟同。這些人堅稱事情必須按自己的運行規律運轉，人為機構並不能對經濟病症發揮作用。原因之一是，我碰巧了解到職業經濟學家們很久以來總是每隔5年至10年就會改變其經濟規律的定義。但我的確相信，並一直對大眾目標的力量和美國人們萬眾一心的力量充滿信心。

這就是我向大家說明我們的復興計畫賴以制定的簡單原則和堅實基礎的原因所在。這就是我們要求全國的企業主們以愛國主義和人道主義的名義與我簽訂這份公共契約的原因所在。這就是我要求工人師傅們以理解和援助的精神與我們一道前行的原因所在。

到 8 月初,在全國復興總署(National Recovery Adminis-tration, NRA)負責人的領導下,行業法規的制定和推廣工作進行得如此深入,以至於復興總署顧問委員會的工業企業和勞工代表一致建議我下達行政命令創建一個名為國家勞動關係委員會的仲裁機構,其成員包括:主席參議員羅伯特·F·華格納(Robert Ferdinand Wagner I)、威廉·格林先生、利奧·沃爾曼博士、約翰·L·萊維斯先生、沃爾特·C·蒂格爾先生、傑勒德·斯沃普(Gerard Swope)先生和路易斯·E·柯爾斯坦先生。

8 月 26 日,在我回到家鄉兩週後,紐約州杜且斯郡的鄰居們在瓦薩學院為我舉辦了回家的招待會。我選錄了這次非正式的談話,因為這次談話中談到了許多和國家生活相關的重要問題:

我想,那是在 23 年前,8 月某個星期的早晨,我偶然到訪波啟浦夕市。在法院大樓前我與大法官莫什奧斯、喬治·斯普拉特、約翰·麥克還有阿諾德法官一一擁抱,並一同前往位於到費爾維尤市的警察郊遊俱樂部。在那個有蛤蜊、泡菜和啤酒的愉快場合裡,我做了人生的第一次演說。也正是那一次,我開始對位於海德公園鎮外邊的杜且斯郡有了初步了解。

與朋友們的情誼在接下來的幾年中不斷加深,儘管我離開這裡去了華盛頓和奧爾巴尼,但只要一有機會我就會回來,帶著一種真摯的感情:這裡是我的家,我又回到鄰居們中間了。

第十章　經濟復甦與重建的進程

　　在最近的幾個月裡，家鄉的民眾加入到建設國家新秩序的努力當中，這種高度的理解精神讓我非常滿意。前些天，我們看到地方政府為了同樣目的所做的一些事情。各地的村、鎮、郡甚至州，透過它的民眾都已經意識到這樣的事實：如果不採取行動，還是一味地墨守成規，美國的社會，經濟和政治生活會一落千丈。在這些個案當中，許多覺醒的公民已經開始選擇新的官員或者改變解決其地方事務的形式。這是對社會有利的，也並沒有破壞地方自治的原則。歷史在幾乎美國所有州都給我們展示了這樣的例證。

　　從某種意義上說，這種覺醒在 1933 年也曾在華盛頓發生過。這是歷史上第一次全國各黨派都贊同的，在不違反基本原則基礎上對政府職能在形式和方法上的深刻變革。

　　也許我這樣說能展現這種改變 —— 任何個人，任何家庭都沒有權利做傷害鄰居的事 —— 我們已經把這樣一個家庭社會的準則擴展到處理國家事務中。這是一個許多世紀前英國的古老法則，幾百年來沿用至今，始終未變。我們把牲口趕到別人家土地裡去放牧，對鄰居們是不公平的；我們把豬圈推到大街上，對鄰居們是不公平的；我們透過對一種服務的壟斷，例如日常所需的電、天然氣、鐵路等來獲取不當利益，對鄰居們變得不公平；如果我們試圖僱傭鄰居的孩子們，付給他們不夠填飽肚子的薪資，還讓他們長時間工作，對鄰居們是不公平的。

多年前我曾提出，政府要對增加的收入加稅，因為這些巨大的利潤必然是以犧牲鄰居們利益為代價的，所以在一定程度上也至少要用於改善鄰居們的福利。

推廣不侵害鄰居的原則，並沒有侵害公民的人身自由，這一點如今已被認可。因為，舉個例子，告訴一個人要支付足夠的薪水，與告訴他不能僱傭童工，或者不能滋生是非一樣，都不是一種人身限制。

正是因為全國民眾理解了《國家復興法案》的深層目的，他們才會心悅誠服地接受的法案的規定和協議。

誠然，政府希望逐步增加工人們不足溫飽的薪資，縮短全國各地的勞動工時，因而提高薪資發放的數量，增加就業人數；誠然，政府明確地尋求方法去增強美國人民的購買力；誠然，我們確實達到了這個目的，下滑的局面已經得到扭轉並開始回升。

同時，毋庸置疑的是，民眾在政府的宣導下，堅決要求任何個人和團體都不能做傷害鄰居利益的事，這已經演變成為美國人生活永恆的一部分。

我們忙於審查各種人際關係，在審查時我們會問一個新問題，「這種實務或慣例是不是以其他人的利益為代價的？」這個其他人就是鄰居。

從國家層面上講，其他人、鄰居，就是指全體美國人民。

從國家的高度，而不是從單獨某個地區或某個州的角度把民眾看成一個整體，我們不能對北方進行特別關照，如果這麼做會對南部和西部不利；我們不能給種植某作物的人特權，如果這種特權會讓種植其他作物的人遇到困難；我們不能以其他產業為代價發展某一產業。政府必須從國家的角度出發去考慮問題。

但是，大家對國家政府所負的責任和關注不應止步。政府更重要的組成部分是地方政府，因為它影響你的日常生活。在地方的機遇至少和在華盛頓是一樣重要的。身為州長時，我經常和你們談及地方政府的 13,000 個單位，你擁有它們在這個州當中獨一無二。你很感興趣但無所作為。我和你們談到了紐約州 950 個公路部門，你很感興趣但無所作為。我和你們談到了你家可能處在有 6 級，8 級或者 10 級政府的管理下，你也沒採取任何行動去改組這個牛車時代創建到汽車時代還未曾更改的，眾所周知的迂腐體系。將來有一天，紐約州的人民也許對這個問題會做點什麼，但是坦率地說，一切都不會改變，除非你能讓鎮議會、郡議會或者州立法機關的議員有所作為，或者替換掉原來的議員。

再一次告訴大家，看清了我們國家的問題，想好了全國人民正在進行的國家計畫，我是多麼高興。對政府和相關事務傾注個人關注的男女同胞的數量達到我國有史以來的最高峰。我希望這種關注可以延伸到對地方政府事務的關注。關於鄰居

好處的古老準則也確實不可磨滅。我想向你們，我家鄉的鄰居們，特別強調的是它對我非常受用。那就是，對鄰居們好的也就是對我好的。

非常榮幸今天能有機會和我的家人一起，在這裡拜見杜且斯郡的老朋友們。祝福你們。

不能不提的是，回到華盛頓後不久，一位老夥伴，老朋友，白宮的總管家艾克‧胡克的逝世讓我們無比悲痛。 我的夫人和我自從西奧多‧羅斯福總統執政時期就結識了艾克‧胡克，那些日子的感情後來一直延續。1933 年 3 月 4 日當我們入主白宮，正是他迎接我們，給了我們在家裡一樣的感覺。憑藉他的謹慎和才能為十屆總統服務。艾克‧胡克是一位傑出、正直、忠誠的公僕，一位我們深深懷念的朋友。

10 月 1 日，我到芝加哥出席世紀進步博覽會，並在美國退伍軍人大會上談話。我認為在那次談話中規定了某些正直而公平的原則，內容如下：

我很高興身為你們的客人來到這裡，我很高興身為你們的同志有權利來到這裡。我來了，因為我對美軍將士和所有的退伍官兵充滿信心。我能來這兒的權利是雙向的，當我在白宮時，你也有權利到那裡去看我。

但是，我與你們的關係並不光是過去 6 個月的事，還可以追溯到我不僅在國內，在北海、在英吉利海峽，還有在法國前

線的實戰中和你們並肩作戰的日子。

　　我想和大家討論政府的問題，你和我身為美國人曾面對並解決的困難，還有那些我們仍將面對的困境。我承認並且感激，祖國承認並且感激在困難時期裡絕大多數老兵展現出的毅力、忠誠和勇於奉獻的精神。正是他們使我們成功地擺脫困境。

　　我想談論一下國家統一問題。讓我們把它視為是現實存在的 —— 不是一個僅存在書本上的理論，或是存在於人們的日常生活之外。它的意思是說，我們生活在同一個政府之中，相互交易，繳同樣的稅，為共同保護的政府奉獻和汲取。認知到國家的統一，並視它高於一切，我們共同的福利依賴於國家的統一，它是擁有愛國精神的另一種表現。

　　你們和我，我們這些曾在第一次世界大戰中服役的人都知道，當世界文明受到威脅時，我們代表的是一個統一的國家。我們也同樣清楚，與戰爭時期一樣，在和平年代國家統一也是根本。如果值得生活在這個國度，如果值得生活在這面旗幟下，如果我們的社會秩序對我們有意義，那麼我們的國家就是值得每個人用生命中的每一天、每一年去捍衛的。我不希望自己也不希望我的子孫生活在外國旗幟和外國政府的管制下，因此我相信，每個公民都有基本義務穿上軍服，拿起武器去保衛國家，保衛祖國的尊嚴不受侵犯。

但是，國家統一有兩個敵人：地方主義和階級。如果地方主義和階級的想法肆意滋生，普遍存在，就意味著國家統一的完結，愛國精神的完結。

　　許多其他國家的人來拜訪我們，令這些人表示難以置信的是，我們這樣一個多元匯集的國家，一個 1 億 3,000 萬人口的國家，一個東西橫跨 3,000 英里的國家，居然是一個同質的整體。我們不僅說同一種語言，各地人們的風俗習慣也很相似。還有一點已經得到反復證明：尤其在近幾年，如果這些利益的獲取要以其他人的利益為代價，我們寧願放棄某些局部利益。

　　國家統一的另一個敵人是階級差別。隨著時間的推移，你和我都認知到這樣簡單的事實：越來越多的民眾不能容忍這樣的情形：一部分人享有特殊利益，卻要其他人為這些利益買單。

　　你們願意為美國人民的生活利益而戰。你們願意為美國的國家統一而生。你們明白，這是美國精神的基本準則，是你們所代表的，是你們堅信的，也是你和我在我們參軍時要效忠的。

　　過去的幾年中，美國人民的生活利益受到了威脅。今年春天爆發了危機。必須面對那場危機。我們每個人必須再一次回到基本準則上。數百萬人失業，銀行關閉，政府的信用受到威脅。汽車熄火了，顯然，第一步要做的就是重新啟動發動機。我們確實使大多數銀行重新開業；如果當時沒有恢復政府的信

用，這是不可能完成的。

　　談到國家的信用，再次涉及一個現實問題而不是書本上的理論問題。國家信用是這樣一個東西，它依賴於國家的統一。沒有它政府就沒錢去運作。你和我也都依存於它，準確地說你我的福利都依存於它。

　　這不僅是一個學術命題。一旦政府垮臺，工業將不能恢復，人們不能重新就業，銀行不能重開業，受難的民眾得不到照顧。現在我們清楚地認知到，不光你自己，全體美國人的偉大價值都依賴於美國政府未削弱的信用。

　　正是這個緣故，我們的國庫償清欠債，有了盈餘。這項工作中有兩點原則直接影響到退伍軍人的利益 —— 你們和其他戰爭的退伍軍人的利益。

　　第一項原則，公民必須執行當兵的義務，政府要對在服役期內受傷或患病的人負責並肩負起對它們的責任。

　　第二點原則，沒有人可以憑藉穿著一身軍服就變成特權階級，把自己凌駕於其他民眾之上。服兵役並不意味著可以向政府索取並得到其他公民不享有的利益。一個人服務於國防，履行了公民基本的義務並不意味著他可以在退役後，或因與服役無關的原因致殘時向政府領取養老金。

　　它的意思是說，只有在服役中，或因服役而負傷的人才有資格領取國家足額的殘障補償金。它還意味著，要對在戰爭中

殉職，或因公殉職的烈士家屬給予慷慨的照顧。

我國的人民能夠也願意付出為實行這兩項原則而增加的稅額。實行這兩項原則既不會使政府破產也不會使財政出現赤字。

每個做過誠實研究的人都會發現，有許多錯誤是在過去的 15 年裡造成的。據我所知，在過去 6 個月中出現了一些影響到不同族群利益的個別錯誤和不平等現象。同時，事情如同你們知道的，許多錯誤正在得到糾正，我們目的明確，我們不僅要實現大多數人的公平，更要盡可能地做到對每個人公平。此外，我希望公平的範圍也包括那些確實是當兵造成的傷殘軍人。政府將有能力給予他們比現行體制下更多的照顧。照顧這些人是我們的職責所在。

這兩項基本原則談得差不多了。我想再補充一點，有些退伍軍人因為與兵役無關的其他原因致殘或患病，這些人申請政府補助與貧窮和困難的人申請政府救濟的規定相同。

換句話說，如果個人能夠負擔得起，就不能申請政府的任何救助。如果他沒有能力照顧自己，那麼承擔照顧他的責任的首先是社區，然後是地方；這種情況下如果社區和地方政府經過合理的努力，仍無法照顧他，那麼，只有這時才能由聯邦政府來為他安排住院治療和護理。

當前，我國的年輕人在戰爭中要首當其衝，承擔起捍衛國

家的責任。你們也要想到我們美國退伍軍人協會的中年人。你和我都不會承認我們已經「一隻腳邁進了墳墓裡」。我們覺得，也許這帶著幾分辯解，自己是有經驗的人，深思熟慮，在職位上盡各自的職責。我們相信個人的影響力，我們相信美國退伍軍人協會這個組織會在未來的幾年裡，為國家的進步貢獻巨大的力量。你們已經幫助書寫了美國的歷史；這還不夠，事實上美國未來的歷史也需要你們幫助去描繪。你們將來的利益和我國公民的利益密不可分，在你們的計畫中理所當然最關注的是殘疾和需要照顧的戰友，在你和我都置身其中的整個國家的大康復計畫中我也需要大家的合作。

退伍軍人協會的章程與政黨政治無關。在此原則基礎上，協會才能存在和有效力。在這裡，你不是共和黨，也不是民主黨；在這裡你是作為，也應當是作為一個美國人在為了民眾的利益而為政府工作。我感謝美國退伍軍人協會採取的優秀立場——感謝協會發出的「戰鬥命令」。

國家計畫不可能在 6 個月內達成，再就業工程只是完成了一部分，每一週的情況還會有起落，但淨結果始終是增益。信用的凍結已經停止，堅冰開始融化，農業收入開始增加，還會成長，工業開始回升，但還要進一步激發購買力。

你與我的任務是相似的，我們都要適應這些問題，在自己的領域發揮作用。同時，要認知到，每個人都屬於這個密切關

聯的整體專案 —— 全國統一的目標和行動。

我號召大家為國家的復興計畫發揮更多，更大的作用。你們身著軍裝，為人民服務，你們曾發誓忠誠於美國軍隊，你們支持著美國公民的理想。我向國旗再一次發出號令。身為你們的指揮官和戰友，我相信會得到大家的回應。

10 月 4 日，我在紐約舉行的全國天主教慈善會議晚宴上談話：

在關乎物質的問題中 —— 在發明創造層出不窮、金融危機、國際間的猜忌和新軍備競賽並存的機器時代 —— 當獲知社會正義在不斷增加，幾乎影響全世界時，每個人都感到滿意和力量。每過一年我都更加確信，由於基督教教義對人們生活的影響，人類正朝著實現基督教教義的方向發展。

在本年度的天主教會議上慶祝聖文生修會創建 200 週年很合適宜。我想記住 1833 年巴黎無神論者和反天主教人士在要求教堂「給我看看你們的東西」時流露的嘲諷，想到接受挑戰證明基督教沒有滅亡，基督徒的行為與其信仰是一致的。當我得知這樣一個組織於去年曾到窮人家裡、醫院、福利院去看望和救濟他們；援助了超過 15 萬個家庭；全國各地教會的男女信徒也同樣在做著無私的援助，減少大眾的疾苦，糾正人類的錯誤。我確定我深信上帝永在（God is marching on）。

7 個月前的那一天，我佇立在華盛頓國會大廈的門前，將

要擔負起總統的職責。我告訴美國人民，我們將面對現實，不管現實有多少艱難困苦，我深信，我們唯一引以為恐的，只是恐懼本身。

我相信──現在我知道──目標明確是讓每個人各得其所的行為，人民一定會支持。我試著展現領導能力，但是最重要和偉大的是回應──美國人民全心全意的反應。我們重新找到並喚醒了開拓進取的精神。我們相信這將永遠是一種正義的精神，一種團隊精神，一種犧牲精神，尤其是一種睦鄰友好的精神。

我們力圖調節工業和農業生活的進程，在這種情形下設法統籌全域。工農業的復興，銀行的重建，公共工程的開發，減少債務──祖國各地的這些專案要求我們要甘願犧牲個人利益，為公共福利和全國復興計畫的最後勝利共同努力。我們必須有勇氣，有紀律和遠見，開創人生的新路子。我們的努力中蘊藏著一個基本信念，那就是人不能僅靠自己獨自存活。民主是透過睦鄰友好關係連繫在一起形成的。

這種關係是一種精神，它引導你為病人，為有需求的兒童，老人和無依無靠的人服務。你們經常參與日常的實際工作和有益的慈善活動，會明白國家復興計畫不可能迅速地讓所有公民實現自給自足。這個時候，你和我都知道，雖然我們的改革已經進行了一部分，但更難的部分還在後面。需要我們加倍

努力照顧那些仍需依賴救濟的人，防止家庭生活解體，與危機的受害者站在一起，直到這一切徹底過去。

聯邦政府已經發布了規模龐大的救濟新措施，但是政府不能，也不會獨自承擔，我已經強調過多次，每個社區、州首先必須做好各自的分內之事。

除此之外，我們正在發展一門社會救治和康復的新學科 —— 這項工作需要透過所有教會和私人服務機構之間，以及與政府機構無私的夥伴關係共同完成。從規定職責、防止浪費和各方協調的角度看，每天我們都在大踏步地前進。在這種隨處可見的合作關係的背後，有兩個重要的原因支持著教會和非政府組織的工作。

其中之一是我們大多數人追求社會公正的廣泛原則，這些原則的應用必然是個人的事情 —— 涉及個人生活和個人家庭。歷史上沒有哪個政府所具有人道主義精神能達到與教會或私人機構相同的程度。政府有許多事都能比私人團體和個人做得更好，但是說到底，私人事情的成功取決於鄰里之間的人際關係。

另一個原因存在於美國人民仍然承認 —— 我認為比以往任何時候都更加堅信 —— 精神價值從長遠來看要超過物質價值。那些旨在透過法令剝奪人信仰上帝的權利並付諸實際的人，無論如何，遲早會發現對人類與生俱來的、基本的、永恆

本質和實際需求的顛覆是徒勞的 —— 這種本質和需求在每個年代都已被證明是永恆進步不可或缺的。

由於你們的付出，清晰的思維、認真的努力和真誠的信仰將會在全美形成一種完全自立的氛圍。我國人民的精神沒有被嚇倒。勇敢地承受住了這些天的考驗。我們冒了風險，我們勝利了；我們還將冒更大的風險，我們還會勝利。一個偉大民族的傳統得到豐富和發展。我們採取的復興和救助的措施是史上最好的，由此我們建立了一個新的強大、堅固而永久體系。

很難用語言表達，對國家的忠誠和信任對於我來說意味著什麼。我從沒懷疑過我們會爬出陰暗的低谷。我始終確信我們會勝利，因為美國精神有信念的支撐 —— 這是一種對於我們所摯愛的國家制度的信仰，一種上帝指引下的真正持久的信仰。

10 月，我們成立了存款清算委員會，以加快那些先前關閉後沒有能力重新開業的銀行的存款支付進程。同時，在貨幣總監和聯邦準備系統共同作用下，復興金融公司透過購買優先股來恢復銀行的資金，使這些銀行能夠達到將於明年 1 月 1 日發布的存款保險計畫的要求。

這已經是我今年第四次透過廣播總結國家的形勢。10 月22 日的爐邊談話第一次宣布政府要收購在合眾國新採掘的黃金，還將在世界市場上購買和出售黃金。

距離我上次和大家討論我國的問題已經有 3 個月了，在此期間發生了很多事情。我很高興地告訴大家，這些事情中的絕大部分都有助於改善每位公民的福祉。

　　這是因為，你們的聯邦政府所採取的每項措施都考慮到了你們每個人的利益，也就是老話說的「最大多數人的最大利益」。我們身為理性的人民，不能期盼每個人、每個職務、每家企業、工業或者農業都可獲得源源不斷的好處。同樣，任何理性的人都不會在這麼短的時間內盼望獲得那麼多好處，因為在此期間，新的機構不僅投入運行，而且首先要將它們建立起來。這樣，美國 48 個州的每一個地方才能夠平等地共用國家進步的益處。

　　但是，我們國家從東岸到西岸的每一寸國土，全國 1.2 億同胞中的每個人都向那些樂於看到進步的每個人展現令你們和我為之驕傲的事實與行動。

　　今年年初，我們國家的實際失業人口數量要多於世界上的其他國家。據客觀的估計，去年 3 月時的失業人口數量達 1,200 萬或 1,300 萬人。當然，這其中有幾百萬人可以被劃入正常失業的範疇。這些人有些是覺得高興時才偶爾去工作，而有些人則根本不願去工作。因此，我國公民中有約 1,000 萬人迫切地且更多的時候是如飢似渴地在找工作卻沒能得到工作機會，這樣的說法是公正的。我確信，在短短幾個月內，這些人

當中至少有 400 萬人已經找到了工作。或者換句話說，那些找工作的人中有 40% 的人已經找到了。

朋友們，這並非意味著我對此感到滿意，或者你們感到滿意，我們的工作可以結束了。我們還有很長的路要走。我們才剛剛出發而已。

我們的復興大廈一旦建成，貨幣兌換商或乞丐將無所遁形，它將致力於維護美國最大多數人的社會正義與福利，人民將可以安居樂業。那麼我們如何來建設這座大廈呢？我們正在一塊石頭一塊石頭地搭建著基柱，這些基柱將為我們的大廈奠定基礎。基柱的數量眾多，但有時候，儘管某根基柱的鋪設會影響到緊鄰著的房梁的架設，但整體工作必須毫不間斷地進行下去。

我們都知道，救濟失業者是建設我們的大廈的首要工作。也正因為如此，我才首先談到，幾乎遍及全國每個角落的民間資源保護隊營地在整個冬季已經或正在向 30 萬年輕人提供就業機會。

你們也知道，我們為配合各州和地方政府在工作和家庭救濟方面的工作所耗費的資金比以往任何時候都要多，其數量在幾年冬季不會減少。其原因很簡單：儘管有幾百萬人回到了職場，但還沒有獲得工作的那些人比去年的這個時候更加迫切地需要我們的救濟。

接著，我們來談談救濟問題。我們現在正將它發放給那些面臨失去農場或家園的人們。我們需要在全國的 3,100 個郡建立新的機構以恢復他們的農場信用和住宅信用。過去的每一天都是在幫助數千個家庭救助住宅和農場。我已經公開要求延長農場、各類動產和住宅的抵押回收期限，直到美國的每位抵押人都獲得了充分利用聯邦信用的機會。我還進一步提出，如果美國的任何一個家庭將要喪失住宅或各類動產，該家庭應該馬上致電位於華盛頓的農業信貸局或屋主貸款公司請求幫助。就你們許多人所知，各大聯邦信用機構已經提出了這樣的要求。

另外兩大機構也很活躍。復興金融公司繼續向工業和金融機構拆借大額資金，其基本目的是使工業、商業和金融業的信用開展起來更加便捷。

3 個月內，公共工程計畫已經進展到這樣的地步：在用於公共工程的總額達 33 億美元的撥款中，已有 18 億美元被分配給各類聯邦專案，地域遍布美國的每個角落，這方面的工作正在向前推進。另外還有 3 億美元分配給了有各州、市和民營公司實施的公共工程專案，如那些進行中的貧民窟清理專案。公共工程資金的平衡問題就是等著各州和地方政府本身提供合適的專案。所有這些資金都準備用於州和地方專案上。華盛頓手裡握著這筆錢，等著將其撥給合適的專案使用。

另一大活躍的機構是農業調整局。南方的棉花種植園主、

第十章　經濟復甦與重建的進程

西部的小麥農場主和東南部的菸草種植園主們給予了聯邦政府非同尋常的合作，這令我感到吃驚。我相信，中西部的生豬農場主也會步其後塵。我們謀求要解決的問題在這 20 年間變得更加糟糕了。但是過去 6 個月我們取得了比任何國家同期都要大的進步。確實，7 月分，農業日用品價格比現在還高，這部分是由那些不辨菽麥的人、從來沒見過棉花生長的人、不知道豬是吃玉米長大的人所進行的純粹投機活動所致。這些人對農民和他們所面臨的問題沒有實際的興趣。

儘管投機畢竟是投機，但是有個事實是，1933 年期間美國農民從其產品中獲得的收入比 1932 年增加了 33%。就是說，他們在 1933 年的收入是 400 美元，而在 1932 年僅有 300 美元。記住，這只是全國的平均水準。我得到的報告指出，有些地方農民的收入並不比去年好多少。主要農產品，特別是養牛戶和乳品加工業也是如此。我們正盡快跟進這些問題。

我毫不遲疑地用我能夠想到的最簡單明瞭的話和大家說，雖然許多農產品的價格已經回升了，雖然許多農戶的生活比去年富裕了，但我對農產品價格增加的數量和幅度都無法感到滿意繼續增加農產品的價格，並將其範圍擴展到那些還沒有獲得實惠的農產品中去是我們確定不移的政策。如果我們不能用這種方式做到這點，我們就會用另外的方式去做。我們終將做到。

農業和工業，《農業調整法》和《全國復興法》互為協調。其目標是使工業和商業工人找到工作，並透過增加其薪資的方法提高其購買力。

童工也被禁止使用。血汗工廠也已經被取締。在某些工廠工作一週僅得到 60 美分，在某些礦山工作一週得到 80 美分薪資的情況都成為歷史。促進工業增加的措施奏效與否取決於總的再就業人員數量。相關情況我已經和大家談過了。實際上，再就業人數在不斷增加而不是止步不前了。《全國復興法》的祕訣在於合作。這種合作是透過自願地簽署空白的協定和已然包括全國所有大型企業的具體協議來達成的。

在絕大多數地方的絕大多數情況下，人們都全力支持全國復興法的實施。我們知道總會有搞破壞的人。我們已經發現了一些為謀取一己私利而心懷叵測的人。他們對該法案橫加指責，為該法案的執行設置重重障礙。

百分之九十的抱怨源於誤解。譬如，有人說《全國復興法》無法提高小麥、玉米和生豬的價格；《全國復興法》無法向地方公共工程專案發放足夠的貸款。當然，無論怎麼說，全國復興法與農產品的價格或公共工程都扯不上任何關係。該法的任務只是為產業組織制定經濟規畫，以消除不公平的經營活動，並創造再就業機會。即使在工商業領域，《全國復興法》也不適用於農村社區人口總量少於 2.5 萬人的城鎮，除非依據

具體情況在這些城鎮設有工廠或連鎖店。

另外一個事實是，在我談到的搞破壞的人當中，既有人物，也有小角色，他們都乘隙來謀取不正當利益。

我為大家舉一個東部某大城市商店一名銷售商的例子。此人想將一件棉襯衣的價格從 0.5 美元提高到 2.5 美元，並對顧客說漲價的原因是棉製品加工稅。實際上，每件襯衣中僅含約 1 磅棉花，而其加工稅僅有 4.25 美分。

就這方面的情況來說，將信用給予生活在全國各城市和大城鎮的 6,000 萬～ 7,000 萬人才是公平的，因為他們理解並樂意繳納這微不足道的加工稅，雖然這些人很清楚地知道，由城市居民所繳納的這部分棉織品和食品加工稅將百分之一百地用於增加我國農業居民的農業收入。

我要談的最後一個問題是存放在國家銀行的國家資金。這裡要了解兩個事實。

一是聯邦政府準備將 10 億美元以緊急貸款形式用於自 1933 年 1 月 1 日以來已經被凍結的或非流動性銀行資產，並對這些資產進行寬鬆的評估。如果人力充足，這筆錢一經從銀行取出來，就會掌握在存款人的手裡。

二是從 1 月 1 日起，政府銀行存款基金對總額達到 2,500 美元的存款提供擔保。我們現在也認知到，在此日期或以前，聯邦政府將建立銀行資本機構以確保保險公司正常運作時各家

銀行處於良好狀態。

最後，我來重複一下我曾經在眾多場合說過的，就是，自從去年 3 月以來，聯邦政府政策明確，就是要保持日用品的價格水準。這個目標已經在一定程度上得以達成，這是農業和工業企業能夠再次給失業人員提供就業機會。人們也有可能以更接近於他們借貸時的貨幣水準償付公私債務。價格機構已經漸漸維持在一種平衡的狀態。這樣就可以在更公平的交換基礎上用其農產品交換工業產品了。防止價格漲幅超過我們達到此目的的必要限度以前是現在依然是我們的目標。我們國家各個階層的人民的永久福利和安全最終都依賴於這些目標的達成程度。

顯然，因為我們國家幅員遼闊，農作物品類繁多，工業部門行當齊全，所以我們無法再短短的幾個月裡達到目標。我們可能會需要一年、兩年甚至三年的時間。

所有人在了解到我們所處的實際環境後都會認為，日用品，特別是農產品的價格還不夠高。

一些人在本末倒置。他們首先要求對美元價值進行永久性再評估。而聯邦政府的政策首先是要保持價格水準。我不知道，而且其他人也無法說清楚美元的永恆價值會是什麼。現在要想猜測一個永久的黃金價格恐怕必須要看今後所表現的交換情況。

一旦保持住價格水準，我們將努力建立和維持一種下一代都不會改變其購買力和還貸能力的美元。去年7月，我在給駐倫敦的美國代表團的信中曾談到這點。現在我再此重申這個觀點。

受國內因素和世界其他地區不可控事件的影響，提出並採取進一步措施以便及時控制我國國內美元兌黃金的價格變得日益重要起來。

總體來說，我們的美元受到國際貿易事務、其他國家的國內政策和其他地區政治動盪等因素的重大影響。因此美利堅合眾國必須將我國美元的黃金價格牢牢地控制在自己手裡。這對於防止因美元不穩定而致使我們偏離最終目標，即進一步恢復我國的日用品價格是必要的。

我還打算在合眾國建立一個聯邦政府黃金市場，作為達到此目標的進一步有力措施。因此，根據先行法律的明確授權，我將批准復興金融公司在與美國財政部和美國總統協商後，必要時以核定價格收購在美國新開採出的黃金，並在我們認為必要時在世界市場上收購或出售黃金。

我採取此項措施的目標是要建立和保持持續的控制能力。這是一項政策，而不是權宜之計。

這項政策並非僅僅為了彌補暫時性的性格下降。我們正朝著建立一種可管理的貨幣的方向努力。

大家會回憶起去年春天有些人做出的可怕預言。這些人不同意我們透過直接方法提高價格的普遍政策。實際上所發生的事情與那些預言形成了鮮明的對比。聯邦政府的信用水準提升了，物價有所回升。毫無疑問，我們中間依然存在著邪惡的預言家。但是，聯邦政府的信用必將保持住，健全的貨幣將使美國的日用品價格水準繼續回升。

今晚，我和大家談了我們在建設復興大廈時所做的穩健而扎實的工作。依照我去年 3 月 4 號之前和之後對你們做出的承諾，我保證兩點：奇蹟是不存在的；我將竭盡全力。

謝謝各位的耐心與信任！我們的困難不會在瞬間消失，但我們已經啟程並朝著正確的方向前進！

儘管做了種種努力，目前再就業的速度並不如我們的預期。這個冬天我們不得不面對數百萬民眾要依靠救濟的現實。透過公共工程局的 4 億美元的撥款，我們成立了由霍普金斯先生領導的國民工程管理局。11 月 8 日做的這個決定顯示了我們的目的和需求，希望這個決定能夠帶動美國平安度過 1933 ～ 1934 年的艱難的冬天。

受益於今天總統宣布一項計畫，將有 400 萬失業人口重新找到工作。

其中 200 萬人將在 11 月 16 日成為國家、州或地方工程的雇員，他們的溫飽問題將得到解決，完全不用再依靠救濟。另

外 200 萬人將在其後盡快地返回職場。

這項計畫將由新成立的國民工程管理局實施，總統今天任命亨利‧霍普金斯先生為局長。

國民工程管理局將由公共工程局和聯邦緊急救濟署共同融資，但是，州、市、郡和鎮也要出資負擔他們在國民工程管理計畫內的部分。

兼任公共工程局局長哈樂德‧L‧伊基斯部長準備向國民工程管理局斥資 4 億美元。

這 200 萬人包括現在享受聯邦緊急救濟署和地方提供的康復扶貧救濟的人。這些人馬上就會按照社會上類似工作的小時薪資標準獲得固定收入。該專案計劃工人們每週工作時間為 30 小時。

州和地方緊急救濟部門現在的救濟工作將被調整為擴大就業活動，並將成為國民工程管理處。

新機構的建立使得聯邦政府處理大蕭條帶來的失業問題的計畫發生了根本變化。它將使大多數人告別以國家補助金為基礎的接受救濟的生活方式，並獲得正常的就業機會。它旨在使所有的人受到僱用擺脫救濟。這些被國民工程管理局僱用的人將受益，他們的收入將立即增加，數額超過以前的救濟津貼。

僱傭工人的專案不僅包括現在的工作救濟部分，廣泛的就業活動還包括公共工程局未覆蓋的領域。這一擴大的領域將使

國民工程管理處承擔更多建設專案，使用更多的建設物資。救濟工作的材料使用被完全限制在最低數量，因為在這個方案中緊急救助資金受限只能以救濟薪資的形式發放。

全國大約有 300 萬個家庭受到全部或部分由聯邦緊急救濟基金支持的地方公共救濟總會的照顧。

這些家庭中接近 200 萬成年成員是以在用人工程中賺取半日薪資的形式享受救濟。大多數地方家庭成員的總收入每月不低於 20 美元。

這一舉措使國內至少三分之二接受救助的家庭能夠解決溫飽。

11 月 16 日，我去沃姆斯普林斯度兩週的假期，在薩凡納停留的第二天，參加喬治亞州成立 200 週年的慶典時，我做了這個談話：

因為其他州給了我特許擔任喬治亞州成立 200 週年慶典的榮譽主席，我以官方身分來到薩凡納。

我來到這裡也出於喬治亞對我個人的意義，由於我和喬治亞州長期的連繫，也由於我的妻子和孩子與這裡的早期定居者有著親屬關係，這些與奧格爾索普一起創建這個位於大西洋沿岸地區的文明。

除了殖民祖先的紐帶，我還與美國 13 個殖民地的創立者有親屬關係。一些現代的保守派人士最近談到了當前美國政府

的領導者的偉大革命是有過失的。如果我沒有記錯歷史，當英國人徒勞地抗議國內糟糕的工作環境條件，卻在美洲荒原上建立起了新的殖民地時，還有當華盛頓、亞當斯和布洛奇等人在 1776 年進行另一項偉大革命試驗之時，都有人曾說過同樣的話。

我離開喬治亞至今已經過了 8 個月；這段時間裡你們整合了威嚴的、有歷史教育意義的、全州範圍的慶祝活動。同樣在這段時間裡，我們州民眾的生活，像其他州民眾的生活一樣，已經有了顯著的變化。

當我想到這是一種朝向好的變化，當我回來看到笑容取代了憂愁，希望代替了絕望，看到信心又恢復到應有的程度時，我倍感欣慰。

當慶祝喬治亞殖民地的建立時，我們都知道，如果早期的定居者滿足於居住在海岸，就不會有今天的喬治亞。是前進的精神指引他們向廣袤的山區探險，將殖民地的西部邊界一直延伸到密西西比河河岸。在這些年的開拓中，有對一切表示懷疑的人，有因為害怕變革而堅持反對的人，對於這些倔「驢子」，必須將他們趕出圈舍。

接下來兩週，拜你們這些我曾經的鄰居們，我將有機會帶著這樣的想法，即儘管問題和條件變了，但美國政府自治的原則和目標沒有變，透過拜讀歷史的創造者的著作來完善我自

己。最近幾週，號稱經濟學的東西我聽了很多，有一天令我耳目一新的，是我的朋友新罕布夏州州長，讓我看看一個世紀前經濟學家之父約翰·斯圖爾特·穆勒寫的一段話，他說：

「歷史表明，偉大的經濟和社會力量像潮汐般推動著社會，只有部分人意識到發生什麼。依照正在悄悄發生的變化，聰明的政治家可以預見何時提出和組建機構，並向人們灌輸思想和決心。不明智的是那些對發展無動於衷的人，那些極大危害人類未來的人，這些人一方面不知道變化，另一方面又無知的反對變化，因而留下了許多要解決的問題。」

美國的可取之處在於大多數美國人都具有兩點寶貴的品格——幽默感和分寸感。因為其中之一，他們對那些每週六平均瓜分國家錢財和感嘆他們擁有的是美元而不是英鎊或法郎的人一笑置之。因為分寸感我們理解並接受這樣的現實，在短短的一年裡無法治癒困擾了我們十幾年的慢性病，同樣，社會和經濟秩序的恢復也不可能在全國各地各行各業同時同步地達成。

美國人民的開拓和理解精神使美國屹立於世界民族之林。和平友好睦鄰想法的簡單例證是美國給予了拉美國家——在與他們的友好問題上——比 100 年前詹姆斯·門羅鼓勵他們為自由而戰時更多的信任。同樣地，過去的一週在華盛頓，我有一個關於在美國基本政策中誠懇聲明和簡單解釋的方法的效

用的例證。在長達 16 年的時間裡，一個比我們人口更多，地域更廣闊的國家無法與美國進行官方對話，也無法保持正常關係。我衷心希望，昨天成功進行的俄國與美國談話，最大動機是兩國共同尋求和平和加強文明世界和平的強烈願望。

你會有興趣知道，在 1809 年，美國總統湯瑪斯·傑佛遜寫給他的蘇聯朋友達什科夫先生的信中這樣寫道：

「俄國和美國在本質上和實踐中都是愛好和平的，和平權利中的共同利益為我們提供了發展兩國關係的依據。」

依照湯瑪斯·傑佛遜的精神，利特溫科夫先生和我相信，隨著兩國正常關係的恢復，世界和平的前景會大大加強。

另外，我相信像喬治亞這樣的州，有宗教教育的淵源。是最早建立主日學校的地方，如果知道從現在起，任何旅居在俄羅斯的美國人都可以用自己的方式崇拜上帝，你們一定會感到高興。

我在這個城市宣布恢復與俄羅斯的關係也許會有特別的意義，100 年前第一艘橫渡大西洋的汽船正是從這裡開始了東半球的航行。

我很高興回到了喬治亞的土地上。我急著到沃姆斯普林斯有特別的原因，我將會看到一個宏偉的新建築，是喬治亞州的居民為幫助殘疾兒童修建的。另一個重要目的是回到我的小農舍看看捕獲的喬治亞火雞是否已經準備就緒，做成感恩節的

大餐。

在這個感恩節，我相信許多父母和孩子將分享比過去幾年更多的火雞。如果在全國每個社區，在感恩節的慶祝活動中 —— 在這喬治亞州殖民地建立 200 週年的慶典上 —— 每個社區都能像感恩節的主題那樣，為那些未被恩澤重現繁榮，自己無力過節的人準備感恩節的晚餐，將是多麼美好的事情啊。

讓我謹以一位偉大的喬治亞母親的兒子，西奧多·羅斯福一代人以前所講過的一段話結束我的談話：

「從物質上說，我們必須努力爭取為所有人提供更廣闊的經濟機遇，使他們都有更好的機會展示自己的才華。從思想和道德上，我們必須提努力創造潔淨的生活和健全的想法。我們知道身體是重要的；同時我們也知道，靈魂是不可限量的更為重要的。國家生活的基石是，也將永遠是公民個人高貴的個性。」

11 月 5 日是個歷史性的日子，憲法第十八修正案宣布廢除。

11 月 6 日，我在華盛頓美國基督教會聯邦委員會發表談話：

我很榮幸受聚集在這裡的 25 個基督教派的委託，在美國基督教會聯邦委員會成立 25 週年之際為大家談話。在過去的四分之一世紀裡，你們沒有放棄任何信條，同時為提升美國人

民的社會和道德狀況，成立了這個迫切需要的組織。

　　經歷了美國革命和法國革命，這個組織得以倖存和發展，在這 25 年裡比任何類似時期都更好地控制征服和貪婪的想法。你們已經邁進了一個新時代的大門，在那裡你們的教會與其他教會 —— 異教徒和猶太人 —— 承認並隨時準備引發一場新的和平之戰 —— 為社會正義而戰。

　　基督教誕生於兩千多年前，一個以鮮明的等級差別著稱的時代，特權階層和貧民階層之間存在著巨大的鴻溝。這是一個將征服與被征服、等級與等級、基於邏輯理論與基於人性的戰爭哲學明確劃分的時代。早期的教會團結在一個社會理想之內。

　　儘管在這些世紀裡有幾個時期的文明出現了倒退，但我相信，經過這些世紀，相對於我們失去的，總體來說，我們取得了很多進步。

　　現在，我們要再度開啟人類交往領域的航程。被稱為政府的人類機構透過社會和經濟方法進行著探求；教會透過社會和精神方法也在進行著同樣的求索，兩者殊途同歸。

　　如果有人要我說出教會和政府航程的偉大目的是為男女老少探求什麼，我會說，偉大的目標是為了「更富足的生活」。

　　早期基督徒挑戰希臘和羅馬的異教徒的道德規範；我們都準備好挑戰許多以我們自詡的現代文明形式出現的異教徒的道

德規範。我們呼籲文明的商業判決、提倡勞工協議和智慧化的農業，為豐富多彩的社會生活中各個元素提供一個更加公正的天平。

我們承認個人有權利用他自己合理的方式爭取和獲得他自己合理的薪資，他自己合理的利益——只要這些沒有擠壓或牽制到他自己的鄰居。同時，我們一直號召集體努力制訂廣泛的社會規畫路線，集體努力是符合基督教的社會教義的。

我們國家的新一代已經準備好幫助我們，也許他們並不像父母那樣準備好了滿足外界的需求，或者參加幾個教堂的許多古老的儀式。但是我真的相信，這些教堂可以在他們身上為社會進步的基本準則找到更強大的支撐，勝過許多甘願退讓的老一代。

年輕的一代對那些曝光的高層人士並不滿意，他們把別人的錢裝進自己的腰包，騙取政府的費用或者違背法律精神的墨守成規。年輕的一代會尋求行動——政府集體行動或個人教育——來消除諸如此類的現狀。

譬如，新的一代並不滿足於用說教來反對集體屠殺的惡劣行徑——極刑——又重新出現在我們生活中。我們知道這是謀殺，對「你不可殺人」戒律的故意的明確的違背。我們無法原諒那些主張取消極刑的高官或民眾。

但是，人們要思考美國下一步的去向。政府本身要足夠強

大才能保護犯人，同時，要將民意清楚地具體化，必須迫使各類政府更加公正的執法。快速公正地行使政府的司法職能是對個人和社會的保護。許多部門的職能已經陷入了需要修整的悲慘境地。我們復興計畫必須有一部分是重建這些政府的職能。

我從心裡相信，我們所摯愛熱愛的祖國已經進入了收穫的時期。這種收穫包括巨大的物質繁榮。如果我們注意會發現，這個繁榮是 1 億 2,000 萬民眾的繁榮而不是僅僅金字塔頂部的繁榮。它是社會掌控的共同利益的繁榮。它是在社會和精神價值觀下建構的繁榮，而不是特別權力和特殊利益基礎上的繁榮。

在繁榮的新定義中，教會和政府完全各盡其職，攜手合作。政府可以要求教會加強對社會公正的理想的教育；同時政府要確保教會 —— 基督徒和猶太人 —— 可以用自己的方式信仰上帝。教會有完全的自由，甚至可以不用理會政府干涉的建議，同時，他們可以教授數百萬的追隨者，可以向政府要求自己選擇的權利，維護和推進「更富足的生活」。政府和教會因為同一個目標緊密連繫在一起，在上帝的幫助下，我們已踏上通向目標之路。

聖誕前夕，我們採取行動宣布將世界白銀體系帶入倫敦經濟會議。不僅美國財政部要根據會議協定購買一定比例的白銀，同時，我們要以每盎司 64 .5 美分的淨價格收購國內開採

的所有白銀，以此來大規模地恢復工業。

　　我簽署了聖誕特赦公告，全面赦免在世界大戰期間違反《間諜法》和《義務兵役法案》的人，以及被利用而觸犯這兩項法案的人。

　　1933 年在聖誕和新年的節日活動中走向尾聲，相對於過去數年，全國各地都在享受更大程度的幸福。經濟更加繁榮，聖誕購物增加，幾乎每個社區都提供了更多的職位，所有事實都是民族精神的展現。就最好的意義而言，我們已經很肯定地開始恢復了。

　　年度職務變換為我帶來了一個壞消息，我的好朋友財政部長伍丁因為身體原因遞交辭呈。上上下下的政府成員，都為他的離去表示遺憾。但是，我也很高興可以在這個位置上任命我多年的夥伴小亨利‧摩根索，他曾在本屆政府中曾擔任農業信貸管理局局長，之後擔任過財政部副部長和代理部長。

第十一章
第 73 屆國情咨文

第十一章　第73屆國情咨文

國會即將召開，新的一年拉開了帷幕。我很高興地歡迎副總統、眾議院議長和許多其他的老朋友們回到首都。1月3日，我以個人名義向國會的聯席會議做如下的國情咨文：

在國會第73屆常務會議開幕之際，我來到大家面前，不是要談某個特殊的或者具體的立法項目。準確地說，我來是想和大家談談全體民眾選舉大家，包括我本人，來行使本屆任期的權力，目的在於消除黨派偏見，你我合作繼續恢復國計民生。同樣，也是為了在過去的廢墟上建構設計更完善的新體制，以應對現代社會存在的現實問題。

此項體系不僅包括工業、農業和金融的相互關係，還包括這三者對每個公民和整個國家的影響。

現在，我們已經很肯定地踏上了復興之路，那些認為復興就是回到舊體制的人 —— 這樣的人數量很少 —— 與認為復興是對老辦法的改革，是對思考方式的重新調整，因此也是社會和經濟生活的變革的人之間已經清晰地劃上了界限。

文明不能倒退：文明不能止步不前。我們已經採取了新措施。我們的責任是進行必要的完善、發展和變革，但所有這些都是為了前進。鞏固現行措施，使經濟和社會結構適應現代生活，這是立法、司法和行政機關共同的責任。

不考慮黨派之別，絕大多數人民在為人類的繁榮和幸福尋求更大的機遇。他們發現人類的福利沒有增加，僅從物質和奢

侈品上看人類的福利的確沒有增加，但是人類的正直、無私、責任和正義得到了發展。

在過去的幾個月裡，作為我們政策的成果，我們要求許多公民放棄某些限制，在他們自己事業關係領域自由行事，作為交換我們已答應州政府確保他們免受同行或行業組織的剝削。

我向本屆國會特別會議在應對危機時所展現出的勇敢、認真和有效地危機表示祝賀。你們對於國家問題的良好理解成為後世廣泛仿效的榜樣。冒昧地說，1789 年第一屆國會面臨的任務也不及你們的重大。

我不打算闡述去年 3 月我們經歷的那場危機，也不打算闡述在特別會議期間我們為開始復興和改革而採取的措施。

我只要簡約地講講我們的會議所取得的成就就足夠了。

透過經濟法案使政府常設機構的費用大幅減少，政府的信用得到加強。

出於強化整個金融體系和最終形成一種交換媒介，以及使購買力和還貸能力的波動降到歷年來的最低這兩方面的目的，我用賦予我的權利購買美國開採的黃金和白銀，還在世界市場購買一些黃金。細緻的調查和不斷的研究證明，在外匯匯率的問題上，我們的一些友好國家在其內部和其他條件下有如此多的障礙，以至於現今無法在永久和全球性目標基礎上進行穩定匯率的討論。

　　去年春天重新開業的絕大多數銀行，無論國家還是州立銀行，都狀況良好並且進入聯邦保險的保障範疇。那些禁止重新開業的銀行當中，近 6 億被凍結的存款透過聯邦政府補助的方式返還給儲戶。

　　我們已經朝著《全國工業復興法案》所設定的目標大步前進，不僅幾百萬的失業人員重新就業，行業組織也更深入地了解到：確保工人賺取足夠的薪資並擁有適宜的工作環境同樣能確保得到合理的利潤。禁止使用童工。統一的工時和薪資標準已經在《全國工業復興法》覆蓋領域中 95% 的企業得到推廣。我們力求徹底地消除防止壟斷推進和限制貿易的壁壘，同時我們也希望避免行業間的毀滅性競爭，許多事件貌似黑社會間的火拼，真正的受害者卻是大眾。

　　在國會的授權之下，我們討論了各行各業的組成部分，就像拿到會議上共同討論影響勞動力的問題一樣。儘管這些緊急制定的措施還需要不時去調整，但我相信你會贊同我的觀點，我們已經為現代化的工業體系制定了永久性的規範，它將繼續接受政府的監督而不是政府直接的領導。

　　大家知道，去年春天，嚴重的債務負擔影響到一些人，使他們處於失去農場和房屋的危險之中。我很高興地告訴大家，在國會財政允許範圍內對這兩種情況進行的再融資已經取得了很大成功。

農業要應對的不僅是債務問題。實施《農業調整法》的實際經驗讓我確信，迄今為止尋求生產和需求之間平衡的嘗試正在取得成功，將農產品價格恢復到合理價位的進展完全符合合理的預期。我依然深信，工業的發展和繁榮只有依靠提升一部分以某種形式依賴於農業的民眾的購買力才能獲得，這種購買力提升到一定程度將會恢復國家各地區之間和各行業之間的合理平衡。

在這方面，透過精心策劃的防洪、電力發展和土地使用政策，在田納西流域和其他一些大的流域，我們力求消除浪費，將一些貧困地區從農業轉移到鼓勵發展地方小工業，以此深入貫徹國民生活的平衡原則。我們清楚在合眾國全國各地實施這項政策的巨大成本。由於當前巨大的再就業需求，我們將背負巨額債務而開展當前工作。但是，我期待著，在不遠的將來，當每年的撥款全部由稅收負擔的時候，這項工作能推進到全國。這樣一個全國計畫，在一代或兩代人之後，將在資金上有數倍的報酬；更重要的是，它將消除低效率工具的使用，防止浪費，使數百萬人更好的利用上帝給以我們國家的機遇。

很遺憾，我無法向大家展示對國際事務持完全樂觀態度的景象。

美國代表團一直與在蒙特維的亞集會的其他美洲共和國代表緊密合作，使該會議獲得了巨大的成功。我們已經 —— 我

希望已經 —— 清楚地向鄰國表明，未來我國願與鄰國在共同避免領土擴張和干涉別國內政問題上尋求合作。此外，各國也在積極尋求貿易的恢復，但不是透過利用他國債務來累積本國貿易順差的方式。

然而，在世界的其他地方，由於害怕眼前或未來的侵略而斥巨資進行的擴軍備戰，以及繼續強化保護性貿易壁壘的舉措，阻礙世界和平進程和貿易發展進程。我已經說得很清楚，美國不會參與歐洲的政治協定，但是我們隨時準備合作，透過一些切實可行的措施在一個世界的基礎上爭取立即削減武裝力量的規模，降低商業壁壘。

我想接下來向大家匯報的是債務問題。我國政府和人民擁有的，其他政府和民眾所欠的債務。一些國家承認債務，但只償還了一小部分；還有一些國家無力償還債務。有一個國家分期償還了本國的全部欠款，它就是芬蘭。

回到國內問題上來，一些傷害民眾的惡性案件讓我們感到震驚，一些個人或組織一直以不道德或犯罪方法以鄰為生。

第一類 —— 並不觸及違反我們的法律條文 —— 這些暴露出來的行為讓那些認為我們還像上一代一樣在提升商業道德標準的人感到震驚。對這類人必須有嚴格的預防和監管措施。我說的是那些迴避稅法精神和意圖的人，那些損害股東和大眾利益來致富的銀行或企業的高階主管，那些用自己的或別人的錢

莽撞投資，破壞農作物的價值和損害窮人積蓄的人。

另一類，有組織的匪徒犯罪，冷血的槍殺、私刑和綁架嚴重地威脅著我們的安全。

這些違反道德和違反法律的行為將得到強大的政府武裝的即刻鎮壓，這些行為也激起了大眾輿論的憤怒。

第二十一條修正案的通過會為消除酒醉駕車帶來的新型犯罪提供了實質性的幫助。

我將繼續視這項工作為己任 —— 運用一切必要的方法幫助各州、地方和私人機構進行的對失業人員的救濟工作。關於這個問題，我已經認知到直接發放救濟的內在危機，已經在尋求方法不僅提供救濟，而且提供實用的、有報酬的工作機會。在復興的過程中，我們將盡快地從提供直接救濟朝公開提供職缺轉變，因而達成個人就業的迅速恢復。

我們國家生活的巨大調整是為了美國人民的長久信用，這種調整是透過全國人民強大的合作精神將不公正降到最低，是在沒有嚴重混亂的情況下和平地實現的。

雜亂無秩序不是美國人的習慣。自助和自我控制是美國傳統的本質 —— 不是美國傳統必然的形式，而是它的精神。復興計畫出自於美國人民。

這是一項完整的計畫，規模遍及全國。從大的方面看，這項計畫是要從破壞中挽救國家，為未來保存現代文明創造的真

正重要的價值。如果我們願意，可以不保留社會中墮落和浪費的部分；它們選擇的是自我毀滅的道路。我們將保留有用的機械發明、機器生產、工業效益、現代通訊方式和廣泛的教育。我們將保持並鼓勵消費者慢慢增加的購物欲望，達到工業市場組織有序，堅持價格合理和誠實銷售。

但是，工廠不必要的擴張、對自然資源的浪費、壟斷對消費者剝削、閒置剩餘資本的累積、童工、鼓勵拿別人的錢投機，這些都是在玩火自焚：必須確保我們的重建生活中沒有這種雜草可以再次滋生的土壤。

我們已經犁好了地，撒好了種子；最困難的開始已經過去了。如果我們想獲得豐收，就必須在優秀的種子發芽的土地上耕作，使植物茁壯成長直到成熟。

最後我想說的是，我想你們每個人都會明白，當我說，我多麼重視在這艱巨和繁忙的幾個月中與你們建立的良好關係時，不僅僅是出於禮貌。由於這些友好的交往，我們幸運地在政府的立法和行政部門之間建立了堅定和永久的連繫。憲法明智地宣告了權力的分立，朝向共同目標的努力又促成了一個整體。 帶著這種精神，我們再一次投入到為美國人民服務之中。

第二天，我向國會轉交了年度財政預算案。當然，這裡面都是數字，還有大量的內容是 1934 年 7 月 1 日到 1935 年 6 月 30 日財政年度內的所有政府財政撥款預算提案的細節。儘管以

前的財政撥款已經公開，在國內，多數國會議員，還沒有充分意識到今年和明年政府支出的數額有多麼巨大；他們也沒有意識到財政部將有多大數額的借款。儘管如此，預算案做得非常清楚，我們可以期待，2 年後，政府能夠達成財政平衡，也可以期待國家債務開始減少。

1 月 10 日，我向參議院申請批准與加拿大簽訂的《聖勞倫斯條約》，內容如下：

我請求參議院考慮批准與加拿大簽訂的《聖勞倫斯條約》。廣泛的國家方面的原因促使我毫不猶豫地支持該條約。主要出於兩方面的考慮 —— 航海和電力。

加拿大和美國之間從大陸中心到海洋有一片天然的水域，貫穿水域始終的大部分地區現如今都可以用於大型船隻航行。蘇必略湖東岸的船閘系統，休倫湖和伊利湖之間的疏浚航道，還有伊利湖和安大略湖之間一系列的大船閘提供了自由和充足的航行條件，匯集在一起順流而下到達聖羅倫斯河。從那裡開始，有三條急流，距離都不超過 120 英里，阻礙了遠洋輪船的航行；但是一條加拿大運河為小型船隻提供了航行設施。這條運河目前使用量大增，幾近飽和。

其中兩條急流全部位於加拿大境內；另一條位於所謂的國際區間。在加拿大波阿諾瓦急流建立的水電站已經接近竣工，作為工程的一部分，為遠洋船隻建立的船閘已經設計好，很快

就會以低成本建成。這意味著只要再建兩套船閘就會形成一個完整的體系，將杜魯斯到入海的航運連接起來。

我請大家注意這個簡單的事實：如果需要的話，加拿大可以獨自建造在拉欣急流和公海的船閘，那樣就會建立沒有美國參與的，由加拿大完全控制的航運系統。而這，將是美國和加拿大兩國持續幾代的合作關係的逆轉。

我想清楚說明的是，這條偉大的海上國際線路毫無疑問會在不久的將來建成，而這將不是由一國而是兩國共同興建完成的。

我在此附上政府機構為我的申請所備資料的摘要。這份摘要，從廣義的國家的角度展示了海運與經濟各方面之間的關係。首先，商業和運輸會極大的受益。第二點，當地害怕經濟會損害局部地區或局部利益的恐慌被極度擴大化了。我相信，歷史證明了每一項偉大的進步都會促成更好的商業交流，無論是修鐵路，加深大江大河，建運河還是巴拿馬地峽的切割，都曾遭受到地方利益代表的反對，他們總是虛構出來許多假想的恐懼，沒有意識到交通運輸的改善會直接或間接地帶來所有地區商業利益的增加。

舉個例子，我確信聖羅倫斯河航運線路的修建不會損害鐵路的利益，不會讓鐵路員工失業；它也不會干擾密西西比河的正常利用及航運。我們可以很坦率地說，運送糧食或其他原料

從我國西北出發，通過大湖區和聖勞倫斯到達歐洲要比運著這些貨物繞過四方形的三點 —— 通過德克薩斯港口或者密西西比河，再從那裡穿過墨西哥灣，然後從北大西洋的南端行駛到北端終點要經濟得多。關於這個例子，大家都應該知道：兩點之間的直線是最短的。

我很滿意的是，條約為滿足芝加哥排水區的需求及密西根湖和密西西比河之間的航行問題都做了充分的準備。陸軍工程部長官的一份特別報告中提到了這個內容。

站在贊同的一方，我對未來抱著明確的信念，海運航線地建成將會極大地服務於美國大部分地區的經濟和運輸需求，因此，應當從國家角度去考慮。

簽訂條約的另一個重要目的關係到電力的發展。大家都知道，我曾主張過發展美國的四個主要電力地區，每個地區都要為一定的區域範圍服務，都要受到政府或政府機構的控制。東南部的田納西流域發電廠工程，西南部科羅拉多河上的頑石壩，還有西北部哥倫比亞河的專案都已經開始施工。東北部的聖勞倫斯發展專案需要付諸行動。這條河是無以倫比的廉價電力的來源，它的位置靠近大的工業和農村市場，傳輸距離可以覆蓋數百萬的國內消費者。

在我擔任紐約州州長期間，州議會曾一致同意建立一個政府機構，準備好與聯邦政府就發電專案進行合作。我想，這與

今天我認定的明確的國家政策是相關的。

沒有美國和加拿大簽訂的條約，聖勞倫斯公海海域的電力就無法開發。另一方面，加拿大可以開發完全位於其境內的另外兩條急流來獲得大量的電能。這裡又一次，就如同前面談到的航海問題，不管怎麼說都應該堅持與加拿大的歷史性原則，確保兩國的共同發展。

我並沒有強調開始這項偉大的工程將為成千上萬的失業者提供工作。我更願意強調它給我國帶來的巨大的未來優勢，尤其是，我們所有人都應該依照它將給美國人民帶來的整體利益來考慮這個條約。

1 月 15 日，國會收到了一條極為重要的咨文，要求制定一項永久的政策：以政府所有的黃金儲備作為貨幣發行的基礎，同時，對於美元的黃金價值給予更加明確的限定。儘管這則消息很長，但非常重要。所以，我在這裡全文陳述一下：

為適應發展的進程，我們正在恢復一個更合理的價格水準，最終目標是達成美元購買力的較小波動。我請求國會增加立法來完善金融和貨幣體系。弄清楚正在建立的是歸聯邦政府所有的長期的金屬儲備，我們就可以建立合理和充足的貨幣體系。

對於交換媒介 —— 我們稱為「錢」，對它的發行和控制是政府的特權，幾百年來就是如此。由於黃金和白銀很稀少並且

容易分割和運輸，它們一直被作為貨幣或形式貨幣的基礎，形式貨幣本身僅具有象徵性的內在價值。

當然，從純理論上來說，政府可以指定某些貨幣符號充當貨幣，如果確定這些貨幣符號的總量被長期限定在剛好滿足社會的現金需求的數額，這些貨幣符號就可以根據它票面的價值使用。由於不能總是完全的保險，政府發現在紙幣或其他貨幣符號的背後建立黃金或白銀儲備或基礎將會加強金融系統的穩定性。

仍然還有一些混亂的想法阻礙著世界範圍內統一貨幣政策的創建。有些主張用黃金作為貨幣基礎，有些主張用白銀；還有一些主張黃金和白銀都用，分別作為獨立的基礎，或以兩者按一定比例分配為基礎，或者是以兩者相互融合作為基礎。

我希望，不管目前世界貨幣基礎有多麼混亂，將來會達成某種形式的協定。最近倫敦會議的白銀協議就是前進了一步，儘管只是這個方向上的一小步。

這一次我們能夠有效地向前邁進一步，這將有助於形成世界的終極解決方案。

一些經驗很明確，例如，金幣自由流通是不必要的，會導致囤積，而且往往在緊急情況下可能會削弱國家金融結構。在一個國家內部，將黃金在個人之間轉移或者由政府發給個人不僅是不必要的，而且不管怎麼說都是不可取的。只有作為國際

貿易平衡的支付方式時才需要轉移大量的黃金。

　　因此，這一步是謹慎的：將國家所有的境內全部黃金儲備歸政府所有，並且用金條而不是金幣的形式保存黃金。

　　因為貨幣基礎的妥善保管取決於政府，我們已經召回了個人和公司所屬的黃金。然而，還有大量的金條和金幣由聯邦準備銀行掌控。

　　根據現行法律，我有權透過行政方法去擁有儲備銀行掌控的黃金。但這是很重要的一步，我更希望提請國會制定特定的法規，授權政府擁有美國所有的黃金儲備，規定用黃金憑證支付。這些黃金憑證將和現在一樣，隨時可以換成美元，由財政部的黃金儲備決定的美元每一塊錢所需要的黃金重量和成色可能會因時而調整。

　　這些立法賦予了政府權力，規定了政府本身對黃金儲備的所有權。法案明確規定：美元含金量減少導致的國家黃金儲備對應的美元幣值增加的部分，可能來自大眾的利益，都將歸政府所有。當然，這也是公平的，如果未來大眾的利益需要增加美元的含金量，政府也將承擔這部分美元幣值的損失。

　　全部黃金的所有權都歸國家，儲存總量恆久不變，固定的金屬儲備只有在解決國際平衡的需求時，或者未來國家間達成協議要求將世界的貨幣黃金儲備重新分配時才能改變。

　　隨著這項永久政策的建立，將所有的貨幣黃金收歸政府所

有作為貨幣發行的金銀基礎，確定美元的穩定幣值的時機已經成熟。由於世界的不確定性，我想現在確定固定的價值也許民眾不會樂意。現行法律授權總統把美元升值的下限定在 50%。仔細的研究顯示，任何增值超過現行標準價值的 60% 對大眾利益都是不利的。因此，我建議國會將價值升值的下限提升到 60%。

為了民眾的利益，我們還應進一步增強外匯匯率的穩定性，應該賦予財政部長在國內外市場買賣黃金的權力，外匯交易的權力等等。作為這項權利的一部分，我建議，除了貨幣貶值的收益外，應當建立一項兩億美元的基金用於購買和銷售黃金，外匯和債券，用於貨幣調整，政府信用維持和美國大眾福利的需求。

對買賣黃金和其他貨幣問題的現有相關法律的修正，將會為處理這一領域目前的問題提供便利。財政部長正在準備向國會的相關委員會提交這些相關變化的資料。

上述建議主要涉及黃金。另一個主要的貴金屬 —— 白銀 —— 自古以來就被用作流通的基礎，白銀本身也用於實際的流通。適用範圍可能超過世界人口的一半。它構成了我們貨幣結構中的重要部分。它作為大多數世界貿易的關鍵因素，不能被忽略。

1933 年 12 月 21 日，我頒布法令用新開採的白銀造幣，

增加我國的白銀儲備，這樣我們就成為倫敦會議上 66 個首先
實施白銀協議的國家之一。這項協議明顯是朝著正確方向邁出
的一步，我們正在著手執行我們的部分。

所有這 66 個國家都同意避免融化和降低銀幣的成色，用
銀幣取代小面額的紙幣，並且避免會破壞國際市場白銀價值的
立法。白銀生產大國同意限定國內白銀生產的數量，大量持有
和使用白銀的國家根據協定將在未來 4 年內限定白銀出售的
數量。

如果相關政府進行了這些工作，白銀的使用量和價值將會
顯著增加。

政府可以，就像過去一樣，選用白銀作為貨幣流通的基
礎，我期待著使用量的大增。然而，我扣留了所有向國會申請
進一步發展白銀的貨幣使用的建議，因為我想我們還是應該從
倫敦協定的結果和我們的其他貨幣措施中學習更多的知識。

請允許我再次重申兩點原則。我們國家的貨幣必須保持良
好，盡可能地具有相當穩定的購買力水準，能夠滿足日常使用
和信貸建立的需求。

另一條原則是：發行貨幣、唯一的貨幣管理者，是貨幣發
行基礎的貴重金屬儲備的所有人，這些是政府固有的權力。由
此，政府才能行使特權隨時決定金屬儲備的程度和性能。我相
信，合眾國會知道政府的明確目的是要維護政府的信用，同時

提供一個良好的交換媒介滿足人民大眾的需求。

　　1月19日我通過行政命令進一步修訂了退伍軍人相關規定的細節，增加了2,100萬美元的費用。這項命令將影響到22.8萬退伍軍人。

　　新年前不久，我成立了聯邦酒類控制管理局，任命小約瑟夫·H·喬特為局長。這是為廢止第十八修正案到制定長久的新立法之間的過渡時期制定的。

　　1月31日，全國5,000多個社區為我舉辦了生日宴會，這是我的榮幸。在這些宴會上，為喬治亞州沃姆斯普林斯的小兒麻痺和類似疾病患者的後續拓展治療募捐的基金得到了增加。當然，我為這些宴會的舉辦所深深打動，所有這一切都是自發的，透過他們提供的這次機會，全國都加強了對行動不便的殘疾兒童問題的認知。在透過廣播為這些聚會者的談話中，我說：

　　今晚在遍布全國的大大小小的社區為我舉辦誕辰紀念的生日舞會讓我非常感動。我向大家表示問候和誠摯的謝意；與此同時，我又感覺能在這裡談話更主要的原因是，我是全國數百萬腿腳殘疾兒童的代表。

　　只是在最近幾年，我們才開始認知到腿腳殘疾兒童問題的現實意義。殘疾兒童數量如此眾多完全超乎我們的想像；在許多地方，有成千上萬的殘疾兒童沒有接受過救助，而醫生和衛

生服務機構也並不知道他們的存在。

一代人以前，關於結核病也發生過類似的情況。今天，由於對結核病問題的長期重視，民眾已經了解了這一問題，採取了完善的措施，不僅有效治癒結核病更阻止了這一疾病的傳播。

殘疾兒童的問題非常類似。現代醫學科學發展的非常先進，已經使很大一部分由於各種原因導致腿疾的身心障礙人士恢復成為對社會有用的人。因此，只有傳播福音，將對腿疾兒童的照顧和治療傳播到這片樂土的每一個角落，才能使我們取得像在結核病領域所取得的那樣的進展。

眾所周知，沃姆斯普林斯地區的工作一直貼近我的心，因為數百名小兒麻痺患者在那裡接受治療。事實上小兒麻痺導致的兒童和成人癱瘓要多於其他原因。沃姆斯普林斯只是眾多為身心障礙人士提供體貼、耐心和專業服務的場所之一。還有成百上千的其他場所，醫院和診所，在那裡，我國的外科醫生和醫護人員多年來日復一日，經常在沒有補償的情況下心甘情願地工作。

憑藉今晚向基金會獻上的厚禮，沃姆斯普林斯將能夠在全國提升它的使用價值，尤其是在小兒麻痺症領域。我們將有能力接納更多的人，我希望這些人能夠在醫生的建議下從全國各州來到我們這裡。我想強調的是，殘疾兒童的問題是如此的重

要，因此，社區和州的照顧身心障礙人士的地方設施需要每個市民的關心和支援。讓我們都牢記，每個孩子，甚至每個康復的有用的公民都是國家的一筆財富，都能夠為國家做出應有的貢獻。從長遠來看，幫助這項工作不僅是在贊助慈善，更是在促進建立一個強大的國家。

只要資金和床位允許，對窮人和富人都可以享用沃姆斯普林斯的設施。

今晚大家捐獻的基金無疑將有助於我們比以往更大程度地擴建沃姆斯普林斯的設施。我想我希望每一位聽眾都能銘記，大家今晚的善行意味著殘疾兒童生活的豐富。大家都知道，沒有比我們想幫助這些無助的孩子更美好的願望了。

今天，成千上萬為我慶生的電報，明信片和信件像雪片一樣湧進白宮，我想藉此機會感謝所有發送祝福的人。我衷心地感謝大家，真希望自己能分身 6,000 多處，好親自參加今晚的所有生日派對。我無法做到，但我會在精神上與大家同在，在推廣這項我們共同奮鬥的事業上與大家同在。

沒有人收到過比今晚你們送給我的更美好的，來自朋友和夥伴們的生日紀念。懷著一顆受寵若驚和充滿感激的心，我接受這些透過我送給祖國大家庭中飽受疾病折磨大眾的捐助。我感謝你們，對大家所作所為的深深地感激之情無以言表。在這個對我來說最快樂的生日夜晚，謹祝各位晚安！

在同一天，我簽署了關於黃金的新法令，宣布第二天起，新體系開始實施。

2月8日，下面是一篇向國會提交的關於糖類問題的咨文，說明的問題不言而喻：

隨著美國本土和島嶼糖產量的持續增加，形成了損害所有相關人員利益的價格和銷售局面。許多地區農民種植的甜菜和甘蔗價格都被壓得很低，由於古巴向我國輸入糖的數量的下滑，該國購買我國商品的數量在持續減少。

有一些人認為糖應該被列入免稅商品名單。這種想法基於美國大眾消費糖的費用過高。

美國種植的糖料作物甜菜和甘蔗的年總產值大約是6,000萬美元。那些主張免稅進口糖的人認為：徵收每磅2美分的關稅基本上保護了這6,000萬美元的作物，但是消費大眾要為這項保護每年多花費2億美元。

當前我並不建議將糖列為免稅商品。我覺得我們應該先嘗試建立一項三重目的的定額機制，降低消費者購買糖的價格；將甜菜和甘蔗種植的保有量控制在本土限制的範圍內；禁止這一不可避免的高價行業的進一步擴張。

消費者沒有從本土和島嶼地區糖類無序狀態的生產中受益。進口關稅和經銷的成本，加在一起占了糖類銷售價格的絕大部分，在過去的三年中保持了相對的穩定。

這種局面顯然需要補救。我認為我們可以增加農民的收入，促進古巴的經濟復興，為菲律賓群島、夏威夷、波多黎各和維京群島提供足夠的配額，同時禁止國內消費者消費價格的增加。

問題很棘手，但是可以解決，只要我們正視這一問題，並且能夠為實現最終的整體利益犧牲短期的小收益。

這個目標有可能最容易透過修改現有法律來達成。農業調整法案應該加以修改，將甜菜和甘蔗列為基本的農產品。然後就有可能徵收食糖的加工稅，這部分收益將用於對農民按配額生產的補償。每磅不超過 0.5 美分的稅額就可以提供充足的資金。

消費者不需要也不會承擔這部分稅額。將糖類的關稅減少與加工稅同樣的數額，這屬於行政機關的權力範疇之內。為了確保美國消費者不會承擔由於稅收增加而引起的價格上漲，國會應該規定糖類加工稅在任何情況下都不能超過糖類目前進口稅率降低的額度。

透過進一步修訂農業調整法案，農業部長將被賦予權力許可提煉者，進口商和經理人，只有在某些地區近來的市場占有率接近全國的總消費量時，才能與其他產區進行糖的買賣。市場過去 3 年的平均銷售狀況在整體上提供了一個公平合理的基數，但這個基數應該足夠靈活，以便適應某些生產區之間的微

量調整。

使用的這項基數接近下面的初步的臨時配額：

	美噸（約合 907.18 公斤）
本土	1,450,000
路易斯安那和佛羅里達	260,000
夏威夷	935,000
波多黎各	821,000
菲律賓群島	1,037,000
古巴	1,944,000
維爾京群島	5,000
總計	6,452,000

這項配額的應用將會立即針對消費額調整市場供應，將會根據美國的市場需求提出削減產量的基數。

另外，美國和古巴將商談簽訂新條約取代現存的商業慣例，談判即刻開始，將積極考慮在現有基礎上增加對古巴糖的優惠政策，達到兩國利益的共用。

還有一件事使立法條約變更的可能性增強，農業部長已經被授權與生產商簽訂章程和銷售協定，這些章程和協定將節省開支額，降低銷售成本。一旦簽訂了規章和協議，這種形式將確保生產者和消費者都能分享到節省下來的開支。

2月9日，我根據1932年民主黨競選綱領所指派的任務向國會就關於股票交易所和商品交易所的監管問題發表演說。

在去年 3 月的咨文中曾提出聯邦證券投資交易的國家監管立法時，我談到：「這只是我們向保護投資者和存款人的大目標所邁出的一小步。接下來應該進行立法以更好地對所有交易相關資產的買賣進行監管。」

本屆國會已經在規範貨款公司的投資和保護購買有價證券的投資大眾方面做了一些有益的工作。

但是，依然存在這樣的事實，在合法的投資領域之外，赤裸裸的投機活動對於有能力和沒有能力冒險的人來說，都已經變得太誘人，太容易了。

這些投機活動的運行規模，從靠拿自己的薪資袋或其微薄的積蓄投資他們根本不熟悉其真實價值的股票以賺取差價的個人到眾人集資或集資公司 —— 往往不是他們自己的錢 —— 操縱提高或壓低市場行情，使其遠遠背離合理的水準；這些都導致了一般投資者的損失，這些人必然是受到了人為的誤導。

全國許多地方的交易所經營有價證券和商品的交易，這當然是一項全國性的業務，因為它的消費者遍布各地。這些交易所的經理人們，事實上，他們經常採取措施糾正一些明顯的違規操作。我們必須確定摒棄了那些行為，為此，需要建立一項國家規定的廣泛政策。

我相信，經營有價證券和商品的交易所是必需的，是對我們的商業和農業生活確實有價值的。然而，應該用我們的國家

政策盡可能地去限制利用這些交易所進行的純粹的投機活動。

因此，我建議國會制定新法案，由聯邦政府監管有價證券和商品的交易行為，保護投資者，保障價值安全，盡可能地消除不必要的，不理智的，破壞性的投機行為。

2月9日，經揭露，《航空郵政合約》是在違規並最終發展為相互勾結的違法行為的情況下簽訂的。郵政部長已經取消了該合約，運輸航空郵件的任務暫時交由陸軍部負責。

第十二章
論公共事業

第十二章　論公共事業

　　不盡如人意的是，這本書還沒寫完結局就必須停筆；只能寫到 1934 年 3 月 4 日，但是，等到本書付梓時，許多立法和撥款要求的結果都會大白於天下。

　　在政府任期的第一年結束前，提交給國會的議案只有一小部分獲得通過。2 月 17 日，發布行政命令明確了或修改了退伍軍人宣言以前的相關規定。在 2 月 21 日，礦業局由商業部移交給內務部，這一主題，和其他類似的提案一樣，國會並不贊同。

　　2 月 26 日，在給國會的咨文中，我重申了一年前的提議。我一直希望減少不對政府直接負責的委員會的數量。我認為，根據分權的目的，可以適當地建立三個獨立的委員會，涵蓋交通運輸，電力和通信這三個理論上截然不同的領域。這篇咨文闡述了創建通信委員會的主要目的和要求。

　　我早就覺得，為了更好的明確和更有效的行使聯邦政府的一些服務功能，公用事業部門應該劃分為交通運輸、電力和通信三個部分。交通運輸的問題歸屬州際貿易委員會；電的問題，電力的開發、傳輸和分配，歸屬聯邦電力委員會。

　　然而，在通信領域，迄今為止仍沒有單獨的政府部門全面負責。

　　國會曾賦予州際貿易委員會一些權力負責某些通信問題，還有一個叫做聯邦無線電委員會的機構作為補充。

我建議國會建立一個新的聯邦通信委員會，對這個機構賦予聯邦無線電委員會擁有的權力和洲際貿易委員會負責的通信方面的權力 —— 全面負責以電線、電纜和無線電為媒介的傳輸業務。

依我之見，這個新的委員會，像我所建議的那樣，將在今年建好，完成目前由聯邦無線電委員會和洲際貿易委員會掌管的通信權力的轉交。此外，這個新機構還將全權負責目前公司業務的調查和研究，並在下次國會會議期間向國會提案補充立法。

3 天之後，如同我曾經對農業貸款債券要求的那樣，我要求國會針對屋主貸款公司的債券，採取大致相同的措施。對於這兩種債券，上次會議只對債券的利息做出了政府保證。大家都覺得這是一種不正常的情況，政府本該 —— 從現實的道德義務角度來看，也要支付債券的本金。對本金和利息都做出直接的保證是應該採取的誠實做法。順便提一句，這些債券的發行管理也讓我們比以往更加確信這些債券的穩健性，更加確信經過很長一段時間後，政府能夠確保不受損失的可能性。

3 月 2 日，我向國會遞交了一項重要咨文。一年來不僅美國對外貿易大幅下滑，1930 年通過的《關稅法案》的硬性規定也阻礙了互惠貿易的增加。每一位了解國會制訂和通過《關稅法案》歷史的人都意識到 —— 特別是處在迅速變化條件下的

世界中 —— 更強的靈活性比遵照國會行動更加必不可少。

我提出的法案並不是要取消國會制定關稅法案的憲制責任；是要最高法院透過決議賦予政府有限和暫時的權力，在一定範圍內進行一定程度的變更。咨文內容如下：

我提議國會授權政府可以與其他國家簽訂政府貿易協定；依照這些協定，在謹慎保護的範圍之內，修改現行關稅和進口限制，透過這種方式使美國的工、農業收益。

當前採取這一措施是適宜和必要的，基於幾點原因：

首先，世界貿易衰退的速度驚人。1933 年的貨物，從數量上衡量比 1929 年減少大約 70%；從美元價值上衡量，下降了 35%。美國對外貿易的下滑更顯著。1933 年出口量僅是 1929 年的 52%，出口總額是 1929 年的 35%。

這意味著閒置的勞動力、停產的機器、被鎖在碼頭的船舶、絕望的農戶和挨餓的工業家庭。它使政府正在著手進行的經濟調整規畫變得困難重重。

我們知道世界不是靜止不動的；商貿往來和貿易關係一旦中斷將極難恢復；即使是在安定繁榮時期，貿易管道也是持續變化的。

從目前歷史的記載可以清楚地看出，在變革時代和重壓時期，這種變化有多麼巨大，多麼凶猛。各國在任何時期都應該有能力迅速地調整其稅收和關稅，以應付突然的變化，避免進

出口的劇烈波動。

我們也知道，各國保持國家生活的全面發展，國內經濟的多樣性和平衡非常重要；持續開展對國家防衛關係重大的活動非常重要；不能為對外貿易的優勢而犧牲這些利益，這是很重要的。同樣清楚的是，全面永久的國內復興部分取決於恢復和加強國際貿易。如果進口沒有相應的增加，美國的出口不可能永遠增加。

其二，他國政府透過談判達成互惠貿易協定，日益增加在國際貿易中的比例。如果美國的農業和工業想在國際貿易中保留一席之地，美國政府必須能夠透過在細緻周密計畫基礎上開展快速和決定性的談判，與其他國家協議爭取美國的一席之地，洞察作為本國貨補充的外國產品在美國市場的相應的機會。

如果美國政府沒有擺出提供公平機會的姿態，美國的貿易將會被取代。如果美國政府無法在特定時期迅速改變立場去積極處理與他的關係，就無法充分保護本國免受貿易歧視，免受廉價商品對本國貿易的危害。此外，承諾不能立即生效，就不能引導商業談判按照當時的平價進行。

因此，政府機關的威信度較小就會不起作用。事實上，幾乎所有重要的貿易國家都擁有這種威信力。

我想強調的是，我們無法期待立竿見影的效果。成功地開

第十二章　論公共事業

展對外貿易而不傷害美國生產者，依賴於一系列嚴謹的、循序漸進的計畫。

我們應該仔細傾聽和考慮其他國家關於加大美國產品市場占有率的戰略部署；我們未來的行動方針也將部分取決於他們的態度。那些不願意摒棄純粹的限制性國家計畫的國家，想透過讓步來重建國際貿易，是不可能取得進展的。

我提議的這項政府權力的行使，必須仔細權衡最新的資訊，以便能夠確保美國全面和重要的國家利益不會受到影響。我國對外經貿關係的調整必須建立在確保收益，和不損害國家利益的前提之下。在這樣一個困難和失業充斥的時期，必須充分考慮美國生產各部門的形勢處境。

透過我們預期的互惠談判的政策，我希望能及時為美國的工業和農業帶來一定的收益。

農業的主要產業，如棉花、菸草、豬肉製品、大米、穀物和水果種植，還有工業的那些大規模生產方式世界領先的產業，將會遇到更多的機遇，會面對國外市場的生產能力，也因此將會不遺餘力地參與國際貿易。至少，如果美國的外貿持續緊縮，就必須進行實際的調整。

國際貿易的恢復不僅能改善其他國家的基本狀況，也會因此而提升他們的購買力。讓我們記住，這反過來又意味著美國的銷售機會的增加。

類似這樣的立法只是國會在去年擬定的全國經濟復興計畫中的基本環節。它是我們度過經濟危機必須制定的緊急計畫的一部分。應該規定貿易協定的有效期不應超過 3 年；再短的時間可能不夠使計畫發揮作用。在法案的執行過程中，例如全國工業復興法案，行政機關必須適當關注復興計畫得其他部門的要求。

　　我希望能儘早採取行動。國際貿易領域中需要我們注意的緊急情況，也因此會在最短的時間內得到有效的處理。

　　執政第一年的最後一篇咨文是關於承認菲律賓群島人民獨立的。在與菲律賓領導人多次會晤後，這篇咨文為他們提供時機，在進行即將到來的大選中透過全民投票表決這一主題。文中建議重新制定從過渡時期到完全獨立期間的規定，並重申了1933 年法令中的貿易規定。我提議只作兩點改動：第一點是在菲律賓獨立後，美國將明確放棄在其保留軍事基地的權利；第二點是建議將永久軍事基地的問題交由未來會議解決。我向國會提議如下：

　　美國在大約三分之一個世紀之前，源於一場起源於加勒比海的戰爭的結果，獲得了跨越最廣闊的大洋，距離我國海岸線數萬里的菲律賓群島得主權。我們國家不覬覦任何別國領土，也不希望統治任何透過戰爭獲得主權地區的民眾，違背他們的意願。

第十二章 論公共事業

　　在一貫堅持的公正原則下，秉承我們的傳統和宗旨，美國政府多年來一直依法致力於謀求菲律賓人民的最終的獨立，當他們有屹立於世界民族之林的獨立能力時，可以隨時建立一個適當的政府。我們認為獨立的時機即將到來。

　　一年前，第72屆國會通過的法案邁出了這一進程的第一步，提出了在何種方法，條件和情況下兌現我們的承諾。該法案規定了，在菲律賓真的獨立以後，美國仍將保留繼續在該群島建立軍事和海軍基地的權利。

　　關於軍事基地，我建議從法律上取消這些規定，在菲律賓最終實現獨立的同時廢除這些軍事基地。

　　至於海軍基地，我建議修訂法案，制定菲律賓和我國政府都滿意的條款最終解決這一問題。

　　我認為最初法案的其他內容目前不需要更改。如果有不完善或不平等的地方，我相信可以在具體的聽證會後修改，對兩國人民都公平。

　　我想強調的是，儘管我們希望儘早在適當的時候承認菲律賓的完全獨立，如果沒有給政治和經濟留有足夠的時間調整，直接實現獨立，顯然是不公平的，菲律賓人民也會否認自己的獨立。如果在這個時候改變以前經濟制度的內容，會顯得我國政府沒有信用。

　　考慮到時間因素，我希望像我提議的那樣修訂法案，給予

當局和菲律賓人民接受這項法案的時間限制應該非常充分，足夠他們重新審議這項法案。

菲律賓人民與美國人民之間的友好互利關係已經持續了 36 年。我相信，如果這項法案能夠得到國會的通過和菲律賓人民的接受，將會在過渡期間增加兩國人民的相互尊重。在其真正實現獨立之後，兩國的友誼和信任將長存。

3 月 3 日象徵著我們在華盛頓第一年任期的結束。我出席了美國大學校長約瑟夫・格雷博士的就職儀式，並被授予榮譽學位。下面就是我的致詞：

今天我非常高興能成為美國大學的校友，也為與大學的新校長的交往感到榮幸。

這所大學坐落於國家的首都，這是美國人民的一件好事。它提供了高等教育的良機有助於更好的理解我們所說的政府的問題；它提供了一所自由的院校，將有助於擴大政府與老師和學生們的交流。

我理所當然地對美國大學宣布創立公共事務學院特別關注。許多撰寫的文章和言論都在力圖回顧和評價過去一年美國的歷史。我樂意猜測一下，我想沒有幾篇著重強調我把什麼作為美國人民生活這重要的一年的最顯著的特徵。

我指的是美國人民驚人的、普遍增加的對政府整體目標的關注。在城市、村莊和農場，男女老少在日常交流中都在談

論，談論國家和社會問題應採取的措施，這是以往任何時期都達不到的，除了在戰爭期間；嚴格地說，戰爭算不上一種例外，因為那種情況下的目標是唯一的。

在政府處理的各類廣泛的問題中，無論是地方、州、聯邦還是國際的問題，我們都不僅僅從眼前方面去考慮，而是考慮到我們以後的生活，還有子孫後代的生活。實際上直接導致這種必然的、深層的關注的是一場危機——一年前爆發在我國的迫在眉睫的危機。也許我們所有人找到的只是治療國家頑疾的暫時的辦法。但是我們可以感到欣慰的是，我們研究過，也在致力於消除導致這種頑疾和其他政治進程癥結的深層原因。

在這一進程中，政府工作要與學院和教育界進行直接的實際的連繫。經濟的發展需要社會各界集思廣益。政府需要的，肯定不僅僅是社會和經濟學的觀點，也需要從事學術界、商界和社會各類專業人士的實際協助。

我們需要訓練有素的政府。我們需要無私的，同時也是無偏見的公職人員。這部分問題還沒有解決，但是可以解決，可以在不產生支配政府國家生活的官僚機構的情況下完成。

這也就是為什麼我對這所公共事務學院的成立感到特別高興。我可以向大家保證政府的合作是真心實意的。在學校的設置上，越廣泛地吸引全國各地的人來這裡學習，政府知識在全國各地傳播的影響也就會越重大。

在我們的眾多學府中，你們的院校是年輕的：你們有廣闊的未來——有為首創精神，為建設性思維，為美國現實的理想和為國家服務的偉大機遇。

在這篇致辭中，我第一次提及了必須參與擴大工業，農業和金融業合作的政策。自從小時候我知道了史蒂芬・格羅弗・克里夫蘭，就對他的文官制度的原則深信不疑。然而，我國文官制度的制定起伏跌宕。它並不總是有很明顯的功效，在緊急的時期也並沒有充分的彈性發展變化。但以此為基礎，我相信我國建立的公務員制度會像英國文官制度一樣誠信而高效率，並且會更具有主動性和適應性。我們的公務員制度絕不能演變為持久的官僚機構，像在其他幾個少數的國家那樣主導政府的工作。制度之下的要保護，但也不能喪失首創精神。

這證明機會仍擺在我們面前 —— 改進政府工作的機會，聽取和發表各黨派對政府工作的意見，尤其是為年輕人提供參與實際的政府工作的機會。

第十三章
政府就是大眾的信託

第十三章　政府就是大眾的信託

　　如果不能比我嘗試的更加清楚地闡述對於當權人員的職責的想法，就無法結束本書的創作。

　　權力不僅局限於政府。它適用於工業、勞工和金融的全部領域。在個人生活中，有比政府工作中多得多的人掌握權力。所有有組織的生活，個人的和公共的，都取決於凌駕部分人之上的權力，生活的優越性和持久度取決於權力行使的完整程度。

　　讓我們先來談談公共權力。克里夫蘭總統因為率直地提出富有挑戰性的「政府機關應該得到大眾的信任」的原則，為後世所銘記。他堅定地獻身於消除「分贓制」的舊學說，為聯邦政府公務員制度的新理想奠定了基礎。這種理想發展的結果，就是絕大多數聯邦公務員都是誠實的，這也包括處於管理公務員位置的當權人員。我非常樂觀地認為，這種聯邦政府建立的公共誠信的理想正在緩慢但穩步地向地方政府滲透。每年都會看到越來越多以中飽私囊作為主要職能的政府機構和領導的消除。

　　在政府完善的政黨制度下，政黨的大眾利益將取決於政治方針和優秀的管理。我們要運用各種可能的途徑去達成。在這些天裡，選民——尤其是年輕選民——使我們距離理想越來越近。他們對黨派徽章的關注越來越淡。他們說得更多的是「我屬於這個黨或那個黨，但實際上我兩派都支持」。這是美

國未來的一個良好的徵兆。

　　許多憤世嫉俗的人仍然會認為：無論怎麼說政治都是件骯髒的交易。這些人助長了他們所嘲笑的罪惡。

　　我們不想要政治上的憤世嫉俗：我們希望積極和切實參與公共事務的人數日益增多，將過去 50 年大幅提升的誠信水準再提升到新的高度。

　　現在，是時候為克里夫蘭的公務員制度的理想加上一條。

　　要增加的是：私人機關應該得到大眾的信任。

　　至於原因，按照常理，我們應該制定一個適用於政府的規定，然後再為民營企業和行業制定另外的規定嗎？畢竟，就目前涉及的人員來看，管理千余市民的參議員或管理者與管理千餘雇員和股東的公司主席之間，就權力的使用來看，差別甚微。在兩種情況下我都不會考慮到賄賂：我寧願要更重要的 —— 是以良好的道德品格和道德規範為基礎的管理。

　　我並不是要控訴所有的企業行政人員，所有的工人領導，所有的編輯，所有的律師。但是，我要控訴的是他們當中的一些人的道德準則，我要控訴的是那些容忍這些不法行為而良心卻不受譴責的市民。

　　這些控訴中加入了一項新的大眾的良知。它譴責的是那些企業的主管人員：將利益置於大眾的性命之上的人，不惜透過不正當方法使對手及其員工失業的人，那些利用內部消息投機

的人，那些透過向大眾散布錯誤資訊獲利的人和那些將摻水股票賣給無辜買家的人。

它譴責的是那些工人領導：貪圖一己私利或者獨斷專權剝奪工人自由和獨立權利的人。它已經開始質疑並且對那些編輯們喪失信心，那些粉飾新聞故事的人，或是那些將個人或黨派的利益置於廣泛的愛國精神之上的人。

它譴責的是那些為了佣金尋找法律漏洞的律師以及僱傭這些律師的人。一旦發現被這些「平安無事」人們的伎倆愚弄，大眾的情緒會越來越不能容忍這些不法行為，無論是故意的嚴重的犯罪行為還是僅僅是耍小聰明。它譴責這種行為無論行為最終是否「得逞」，同樣，無論這種行為是發生在民營企業還是公共事務中。

目標對所有工作都至關重要：有些人的性格是對自己的現狀永不滿足；有些人的性格是達成一些短期目標，然後立刻爭取下一個目標。只有那些被我剛剛描述為糟糕市民的憤世嫉俗的人才會認為大家的目標是「不切實際的」。理想主義者不一定就是糟糕的執政者。一些偉大的管理者就是在不斷地為人類尋求更好的事物。

在我任期內的政府官員的大家庭中，我們的國家有幸有一群有理想和有現實目標的人們在為她服務。我個人對由國務卿赫爾到所有內閣成員的忠實工作感到高興，對致力於幫助美國

走出低谷的政府各新機構負責人的奉獻感到高興，為聯邦政府各部門中不可或缺的值得稱讚的小組男女成員們感到高興。我很幸運，他們能給予我無私的忠誠和幫助，例如豪、麥金泰爾還有厄爾利和莫利，我可以隨時吩咐給他們各項工作，不分晝夜。

我們的國家是如此幸運，她沒有因為那些始終奉行「你們政府」的人而變得孤立，主要的原因就是這些具有優秀思想的人們在發揮他們的智慧去達成為百姓謀利益的目標和理想。

官網

國家圖書館出版品預行編目資料

富蘭克林‧羅斯福當總統的第一年：大蕭條時期
重振美國內政的心路歷程與危機處理方針 / [美]
富蘭克林‧羅斯福（Franklin D. Roosevelt）著，
孔寧 譯 . -- 第一版 . -- 臺北市：崧燁文化事業有
限公司 , 2023.03
面 ； 公分
POD 版
譯自 : On Our way.
ISBN 978-626-357-128-0(平裝)
1.CST: 羅斯福新政
752.262 112000387

富蘭克林‧羅斯福當總統的第一年：大蕭條時期重振美國內政的心路歷程與危機處理方針

臉書

作　　著：[美] 富蘭克林‧羅斯福（Franklin D. Roosevelt）

翻　　譯：孔寧

發 行 人：黃振庭

出 版 者：崧燁文化事業有限公司

發 行 者：崧燁文化事業有限公司

E-mail：sonbookservice@gmail.com

粉 絲 頁：https://www.facebook.com/sonbookss/

網　　址：https://sonbook.net/

地　　址：台北市中正區重慶南路一段六十一號八樓 815 室

Rm. 815, 8F., No.61, Sec. 1, Chongqing S. Rd., Zhongzheng Dist., Taipei City 100,
Taiwan

電　　話：(02)2370-3310　　傳　　真：(02) 2388-1990

印　　刷：京峯彩色印刷有限公司（京峰數位）

律師顧問：廣華律師事務所 張珮琦律師

定　　價：299 元

發行日期：2023 年 03 月第一版

◎本書以 POD 印製